VORWORT

- - - - -

Bruder, bist du schwul?

Immer wenn ich in der Grundschule meine damalige beste Freundin Ling Ling[1] besuchte, hatte ich die Zeit meines Lebens. Ihre Eltern waren ... nennen wir es „wohlhabend". Das Haus fühlte sich wie ein Palast aus Marmor an. Ling Lings Zimmer war so groß wie die Wohnung meiner Eltern – mal zwei hoch drei. Das war aber nicht der Grund, weshalb ich mich so freute.

Nein, es war etwas anderes, das mich anzog: Inmitten ihres Kinderzimmers, umgeben von einem Meer aus Kuscheltieren und bunten Bauklötzen, thronte ihr Barbie-Haus wie ein majestätisches Schloss aus einem Märchenbuch. Seine rosa Fassade schimmerte im sanften Licht der Nachmittagssonne, die das Haus in einen warmen, fast goldenen Schein hüllte. Die Barbies zogen mich magisch an und mit meiner lebhaften Fantasie dachte ich mir immer neue Geschichten aus, die wir mit ihnen nachstellen konnten.

Am letzten Tag der Sommerferien, kurz bevor die 4. Klasse anfing, spielten wir wie so oft mit den Barbies. Plötzlich starrte Ling Ling mich mit weit geöffneten Augen an. Sie hielt kurz inne und ließ dann ihre halb angezogene Puppe fallen. Hatte sie einen Geist gesehen? Oder hatte sie sich auf einmal in den Real-Life-Ken verliebt? Ich hoffte, es war nicht Letzteres, lol. Ling Ling sprang auf und rannte mit einem panischen Gesichtsausdruck ins Nebenzimmer, wo ihre Mutter gerade häkelte. Ihre Reaktion beunruhigte mich. Was war passiert? Hatte ich etwas Falsches getan? Ich ging hinterher und lauschte vorsichtig.

„Mama, warum spielt Ken eigentlich mit Barbies? Er ist doch ein Junge!", fragte Ling Ling aufgeregt.

„Ich weiß es nicht, mein Schatz. Solange er Spaß hat, ist das doch okay, oder nicht?", versuchte ihre Mutter sie zu beruhigen.

1 Personenbezogene Daten, darunter auch Namen, sind in diesem Buch anonymisiert, also abgeändert. Zwar haben mir einige dieser Leute übel mitgespielt, aber auch sie sind Menschen, deren Persönlichkeitsrechte gewahrt werden müssen. Ich weiß, wie schnell sich Hate im Internet verbreitet, und möchte niemanden an den Pranger stellen.

BRAINBOOK

KENNETH CHABRA

BRUDER, BIST DU SCHWUL?

Impressum

BrainBook UG (haftungsbeschränkt)
Am Sportfeld 8
65399 Kiedrich

ISBN:
Taschenbuch: 978-3-96890-196-1
eBook: 978-3-96890-173-2

Lektorat: Alicia Jannsen, Ann-Kristin Brümmer, Tina Bayer

Die Zufriedenheit unserer Leserinnen und Leser hat für uns oberste Priorität.

Sollten Sie Fragen oder Anmerkungen haben, können Sie uns jederzeit unter kontakt@brainbook-verlag.de erreichen. Wir freuen uns auf Ihre Rückmeldung.

brainbook_verlag
www.brainbook-verlag.de
kontakt@brainbook-verlag.de

BEWIRB DICH DOCH ALS TESTLESER*IN BEI BRAINBOOK.

Testleser*innen erwarten exklusive Vorteile:

- Du erhältst kostenlose Leseexemplare.
- Du erhältst kostenlosen Zugriff auf das Hörbuch des Werks.
- Du kannst zum Entstehungsprozess unserer Bücher beitragen und dabei unverfälschte Einblicke in die Entwicklung eines Buchs gewinnen.
- Du hast die einmalige Möglichkeit, mit unseren Autor*innen in Kontakt zu treten.
- Wenn dein Feedback besonders hilfreich ist, wirst du erwähnt.
- Dein Exemplar des Buchs wird dir kostenfrei und schon Wochen vor der offiziellen Veröffentlichung zugesandt, sodass du dich weder um die Bestellung noch um verzögerte Lieferzeiten zu sorgen brauchst.

Wenn wir dein Interesse wecken konnten, bewirb dich noch heute kostenlos als Testleser*in und werde Teil des kreativen Teams.

Besuche
https://brainbook-verlag.de/testleser
oder scanne bequem den QR-Code.

INHALTSVERZEICHNIS

Ling Ling sah das anders. „Nein! Jungs spielen mit Legosteinen und Fußbällen!" Sie klang lowkey traumatisiert. Doch ich tat, als hätte ich nichts gehört, und zog mich wieder in meine rosarote Plastikwelt zurück.

Als Ling Ling zurück ins Zimmer kam, wollte sie nicht mehr mit mir spielen und riss mir sogar die Puppen aus den Händen. Ich sollte nach Hause gehen. Am besten sofort.

Das saß. Ich war entsetzt und den Tränen nahe.

An jenem Tag konnte ich ihre Frage nicht nachvollziehen. Erst viel später realisierte ich, dass ich anders war als die Jungs aus der Grundschule. *Bin ich kein richtiger Junge, wenn ich mit Barbies spiele, anstatt einem Ball hinterherzulaufen? Aber es macht mir so viel mehr Spaß ... Warum dürfen das nur Mädchen und Jungs nicht?!* Ich fand die ganze Welt furchtbar ungerecht. Seit diesem Vorfall habe ich nie wieder eine Barbie auch nur angefasst.

Klingt irgendwie ausgedacht, oder? Tja, willkommen in meinem Leben. Ich bin der Real-Life-Ken und vielleicht bin ich dir schon mal mit meinen Comedy-Videos über den Weg gelaufen. Inzwischen teile ich auf Social Media auch meinen Alltag mit der Welt, denn 2023 habe ich einen der schwersten, aber bedeutendsten Schritte meines Lebens gewagt: Ich habe mich öffentlich als schwul geoutet.

Privat wissen es seitdem die meisten Leute meines Umfelds ebenfalls. Die Reaktionen waren oft positiv, wenn auch nicht immer. Schließlich hatten einige über 25 Jahre lang ein völlig anderes Bild von mir im Kopf, als der Realität entsprach. Der Weg dorthin war (und ist) ein Kampf, da ein Teil meiner Familie bis heute nicht akzeptieren kann, dass ich Männer attraktiv finde. Aber mal ehrlich: *Who cares who's been sleeping in my bed?*

Doch obwohl mein Outing mich immer wieder vor Herausforderungen stellt, bin ich froh darüber, meine Sexualität nicht länger verstecken zu müssen, schließlich habe ich eine lange Zeit versucht, einen wichtigen Teil von mir zu leugnen. Vielleicht kennst du es selbst. Wenn nicht, kannst du dir das so vorstellen:

Es ist ein sonniger Tag im September, du sitzt als frischgebackener 16-Jähriger auf der Couch, isst ofenwarmen Käsekuchen mit Erdbeeren und schaust deinen Freunden und Eltern zu, wie sie auf deiner Geburtstagsparty zu Bollywood-Musik tanzen, die deine Mama zu deiner überwältigenden Freude angemacht hat. Offenbar alles perfekt, oder …?

Plötzlich scheint alles ein Stück weit wegzurücken. Die Geräusche um dich herum werden leiser. Die Farben werden matter. Die Gedankenspirale geht wieder los: *Wie wäre es wohl, wenn ich mich jetzt, in diesem Moment, outen würde? Würden meine Eltern mich verstehen? Würden meine Klassenkameraden mich in der Schule noch heftiger mobben, als sie es sowieso schon tun?*

Ich versuchte mich zu überwinden: *Weißt du was, Ken, fuck it, du darfst dich nicht mehr verstecken. Du erzählst jetzt sofort allen von deinem Geheimnis. Du willst doch endlich deinen ersten Kuss oder sogar eine Beziehung erleben!*

Am Ende habe ich mich allerdings nie getraut und mir die Outing-Idee jahrelang ausgeredet. *Nur noch die Schule fertig machen, dann bin ich nicht mehr von meinen Eltern abhängig.* Oder: *Ich gehe einfach weg, ziehe um, baue mir irgendwo anders ein neues Leben auf. Irgendwann kann ich sein, wie ich wirklich bin – aber nicht jetzt. Jetzt ist es noch zu früh. Jetzt muss ich durchhalten.* Das habe ich mir immer wieder gesagt.

Später kam noch ein Teil meiner Verwandtschaft vorbei. Sicher liebst du deine konservativen, scheinbar direkt aus dem Mittelalter hierher teleportierten Tanten genauso sehr wie ich: mit jeder unangebrachten, unangenehm persönlichen Frage ein bisschen weniger. Mein jüngerer Bruder und ich wurden jedes Jahr auf die gleiche, nervige Art und Weise durchlöchert.

Bestimmt hast du die Erfahrung auch schon gemacht, selbst wenn du nicht

queer bist: Du wirst bei Familienfeiern mit Fragen zu den privatesten Themen konfrontiert – sei es zum Beruf, der Liebe, deinen Zukunftsplänen, was auch immer. Es muss nicht unbedingt die Partnerwahl sein, die ein angenehmes Gespräch in das reinste Kreuzverhör verwandelt. Seit ich denken kann, ging es in meiner Familie allerdings schon immer nur darum, wann ich endlich eine geeignete Partnerin finden würde.

Allein bei der Aussicht, mich gleich wieder mit denselben unausweichlichen Themen befassen zu müssen, wurde mir übel und ich fing an zu schwitzen. *Jetzt bloß nichts anmerken lassen. Einfach wie ein normaler Teenager reagieren.* Völlig verunsichert stand ich im Wohnzimmer und ließ das übliche Begrüßungsspektakel über mich ergehen. Ich wurde von meiner Tante Aniwla umarmt, die nach den Geburtstagsglückwünschen direkt die obligatorische Frage stellte: „Und, hast du endlich eine Freundin?“

„Deine Familie erwartet ein tolles, hinduistisches Mädchen aus gutem Hause!“, schob ihre Schwester gleich nach. *Haha. As if.*

Du musst wissen, in unserem Kulturkreis gibt es gefühlt jede Woche ein frisch vermähltes couple im weiteren Umfeld der Familie. Große Hochzeiten gelten als Statussymbol und es wird viel Geld in deren Vorbereitung investiert. Man spricht nicht selten von einer Hochzeitswoche mit täglichem Programm. Es gibt alles, von Henna-Abenden bis hin zu mehreren Hochzeitspartys, die jeweils von den Eltern des Brautpaars finanziert werden. Also nur kein Druck.

Was ich davon halte? Gar nichts. Komplette Geldverschwendung und sinnloses Geprotze. Anstatt meiner Tante zu sagen, dass ich viel lieber auf einen High-School-Boyfriend wie Aaron Samuels aus *Mean Girls* warten würde, oder aus Frust Gemeinheiten von mir zu geben, erwiderte ich normalerweise nur:

„Ne, ich habe keine Freundin. Keine Zeit. Meine Schulnoten sind gerade wichtiger ...“, während ich eigentlich dachte: *Tantchen, ich bin schwul! Ling Lings Barbies waren die einzigen weiblichen Wesen, die ich bisher ausgezogen habe*

– *und es werden auch die einzigen bleiben!* Allerdings hätte diese Ansage wohl den Familienstreit des Jahrhunderts ausgelöst, weshalb sich meine Antworten auch in späteren Jahren stets darauf beschränkten, dass ich mich gerade lieber auf meine Karriere fokussierte und keine Zeit für die wahre Liebe hätte.

In so manch einem dieser unangenehmen Momente wünschte ich mir, dass mich irgendjemand durchschauen würde. Jemand, der mit mir fühlte und mich auch ohne Worte verstand. Jemand, der mich beschützte. Jemand, der den Mut hatte, mich anzusprechen und zu fragen, was ich gern hätte – und nicht, was meine Familie wollte. Es fühlte sich an, als hätte ich eine Zwangsjacke angehabt und auf jemanden gewartet, der mich davon befreite. Stattdessen kam mit jeder Frage meiner Tanten ein weiteres Schloss hinzu und das Sprechen fiel mir immer schwerer.

Erlebnisse wie diese gibt es in meinem Leben wie Sand am Meer. Und genau deswegen habe ich dieses Buch geschrieben. Ich möchte dir von meiner Achterbahnfahrt durchs Leben erzählen und dich einladen, mich auf dieser Selbstfindungsreise zu begleiten. Ich würde mir wünschen, dass du dich traust, die Leute in deinem Umfeld an die Hand zu nehmen. Ganz gleich, ob du dieses Buch für dich liest oder jemanden unterstützen möchtest. Verständnis – für andere und uns selbst – bringt uns (fast) immer weiter. Und denk immer daran, du musst dich nicht in starre Strukturen einfügen oder dem idealen Rollenbild, das die Gesellschaft für dich vorsieht, entsprechen. Du hast ein Recht darauf, dich auszudrücken, egal wer oder wie du bist. Denn genau das macht dich einzigartig.

Sei kein Produkt anderer.

Sei ein Original.

Eins noch: Ich verzichte in meinem Buch ganz bewusst auf das Gendern. Du kennst doch bestimmt die Standardfloskel „Aus Gründen der besseren Lesbarkeit [...]“.

01
KAPITEL

ANOTHER BRICK IN THE WALL

Bruder, bist du schwul?

Homosexuell zu sein bedeutet selbst heute noch, in vielen Alltagssituationen nicht ernst genommen zu werden. Egal ob gay, non-binär oder trans: „Wenn der verdammte Trend vorbei ist, werden die sich noch wundern!", liest man in den sozialen Medien immer wieder. Auch offline müssen sich Queers mit Anfeindungen und herablassendem Verhalten auseinandersetzen. Sprüche wie „Ach, das ist nur eine Phase" oder „Lesbisch? Die muss nur mal ordentlich rangenommen werden!" sind dabei keine Seltenheit. Viele haben noch nicht verstanden, dass man sich nicht aussuchen kann, wen man liebt und von welchem Geschlecht man sich angezogen fühlt. Auf Dauer kann das auf die Psyche gehen. Ich spreche da aus Erfahrung.

Natürlich kann man sich fragen, ob Queers in Deutschland nicht verhältnismäßig gut leben. Allerdings sind diese vergleichenden Diskurse hier nicht zielführend. Denn auch wenn in Deutschland für Homosexualität oder „homosexuelle Handlungen" nicht mehr die Todesstrafe verhängt wird, heißt das nicht, dass es einen Menschen nicht belastet, wenn ihm permanent vermittelt wird, er sei „krank", „falsch" oder „widerlich". Bloß weil er nicht ins heteronormative Weltbild des Urteilenden passt.

Die Erfahrungen vieler Mitglieder der LGBTQIA+-Community[2] sind unfassbar tragisch, wie Storys aus der App *Queering the Map* gezeigt haben. (Mehr dazu in Kapitel 6 ab S. 133.) Und dennoch: Das Leid der einen macht das Leid der anderen nicht weniger real. Auch ich habe mehr als genug furchtbare Situationen über mich ergehen lassen müssen.

Es war an einem Montagmorgen in der 9. Klasse. Ich saß im Geschichtsunterricht und war wieder einmal davon genervt, dass mein Geschichtslehrer Herr

2 Die Abkürzung LGBTQIA+ kommt aus dem Englischen. Die einzelnen Buchstaben stehen jeweils für lesbische, schwule, bisexuelle, transsexuelle, queere, intersexuelle und asexuelle Personen. Das + steht für alle weiteren sexuellen oder Geschlechtsidentitäten, die nicht explizit benannt wurden.

Hummel (aka *No-Brain-Hummel* oder auch *NBH*) irgendetwas Unzusammenhängendes über das Leben in der Antike erzählte. Im Zustand geistiger Umnachtung schwafelte er von geknüpften Sandalen, Einheitsvölkern und den Sozialgefügen im alten Griechenland. Wie üblich holte er zu weit aus, sodass wir Schüler ihn mehr als einmal wieder auf Kurs bringen mussten. Um es kurz zu machen: Es war Zeit, dass er in Rente ging.

Ich hörte nur mit halbem Ohr hin, bis ein Mitschüler eine Frage stellte, die mich aus meiner Welt der Träume riss: „Herr Hummel, was ist denn eigentlich mit Schwulen? Gab's die damals auch schon?"

NBH stutzte. Während die gesamte Klasse in lautes Gelächter ausbrach, wurde ich knallrot und hätte mich am liebsten unsichtbar gemacht. Zu der Zeit wusste zwar noch niemand, dass ich schwul bin, aber trotzdem – oder gerade deswegen – war es mir super unangenehm. Es kam mir vor, als hätte ich meine Schutzhülle verloren. *Jetzt nur nicht auffallen*, war mein einziger Gedanke. Ich versuchte, mich unbemerkt in die Rückenlehne meines Stuhls zu drücken, während ich langsam, Stück für Stück daran nach unten rutschte.

Nachdem Hummel sich gefangen hatte, erwiderte er etwas wie: „Was für eine Frage! Natürlich gab es diese ‚Sache' damals schon. In der Bibel wird ja auch davon berichtet. Man nehme zum Beispiel Sodom und Gomorra, die beiden Städte, die als Strafe für die sündhafte Lebensweise der Bewohner zerstört wurden. Dass das Thema heute ständig überall aufkommt, ist einer der Auswüchse eurer Generation. Aber wartet's nur ab, ihr werdet schon sehen, was ihr davon habt."

Meine Gesichtsfarbe wandelte sich vermutlich schlagartig von OMG-ist-das-peinlich-Rot zu Vor-Wut-kreidebleich-Weiß. Alles in mir zog sich zusammen. Hatte dieser Typ an der Tafel Homosexualität gerade ernsthaft als „Sache" bezeichnet? *Der hat doch gar keine Ahnung, womit ich mich herumschlagen muss!* Am liebsten wäre ich aufgestanden und hätte ihm eine Ansage gemacht: „Excuse me?! Haben Sie überhaupt eine Ahnung, wovon Sie da sprechen?

Schwul zu sein ist doch keine ‚Sache', es ist auch kein Trend! Und meine Generation ist anscheinend tausendfach informierter, als es Ihr antiquiertes Gehirn jemals verstehen könnte!"

Da war nur ein Problem. *Wenn ich jetzt was sage, wissen alle Bescheid.* Also blieb ich stumm.

Rückblickend war NBH ein verstockter, radikal rückschrittlicher Mensch, der Homosexualität wahrhaftig als Schande betrachtete. Meine Chancen, ihn zu überzeugen, wären nahezu null gewesen. Gegen so viele Jahre antrainierte Intoleranz kommt man leider nur schwer an. Insbesondere bei Personen, die eine Vorbildfunktion innehaben, finde ich es trotzdem immer wieder traurig und frustrierend, wenn sie keinen Zentimeter von ihrer begrenzten Weltanschauung abweichen wollen. Selbst wenn zu Hummels Jugend Homosexualität noch als Krankheit galt und vielleicht sogar bestraft wurde, hätte er sich mit der Zeit bewegen sollen! Vorurteile lassen sich meiner Meinung nach nicht mit dem Verweis auf das Alter oder die Moralvorstellungen einer Generation rechtfertigen, wenn das dazu führt, dass Kurzsichtigkeit dieser Art weiterverbreitet wird.

Mir ist dennoch wichtig, Leute nicht zu verurteilen, nur weil sie es nicht besser wissen. Solange sie offen sind und sich bemühen, andere Sichtweisen zu verstehen, macht Unwissenheit sie nicht unbedingt zu schlechten Menschen.

TAKEAWAY

Natürlich ist man oft geneigt, mit der Masse zu gehen und sich keine weiteren Gedanken darüber zu machen, ob etwas richtig oder falsch ist. Dinge zu hinterfragen, kostet viel Mut und Courage. Mir geht das leider auch heute noch ganz genauso. Solltest du aber mit jemandem wie No-Brain-Hummel in eine Diskussion verwickelt werden, dann punkte am besten mit Fakten – auf diesem Weg kann dir so schnell keiner blöd kommen.

> Wenn du ruhig, reflektiert und sachlich bleibst, kannst du deinen Standpunkt vertreten, ohne die Fassung zu verlieren. Fühl dich vor allem nicht persönlich angegriffen, wenn du jemanden aufgrund seiner Einstellung nicht mit Argumenten überzeugen kannst. Das hat nichts mit dir zu tun. Zeige stattdessen Achtung seiner Haltung gegenüber. Das kannst du aber auch von anderen erwarten – und wer dir nicht mit Respekt und Toleranz entgegentritt, hat deine Zeit und Aufmerksamkeit nicht verdient.

Als die Stunde nach einer gefühlten Ewigkeit endlich vorüber war, packte ich meine Sachen und machte mich auf dem schnellsten Weg nach Hause. Dort angekommen, ließen mir die Aussagen Hummels immer noch keine Ruhe. *Das kann doch nicht sein, dass er meine Sexualität mit* ***der*** *Sünden-Story aus der Bibel verglichen hat. Wie kann es erlaubt sein, als Lehrer solche Sachen von sich zu geben?* Nun wollte ich doch mehr zur Geschichte von uns Homosexuellen wissen. Ich nahm mein Smartphone und begann, Google zu durchforsten. Was ich dabei herausfand, brachte mich echt zum Staunen:

Homosexualität gibt es allerdings nicht erst seit der Antike, sondern ist wahrscheinlich so alt wie die Menschheitsgeschichte selbst. Es bestehen sogar Hinweise darauf, dass gleichgeschlechtliche Liebe schon in der Altsteinzeit (also vor mehr als 12.000 Jahren) bekannt war. Schriftstücke, die eindeutig von ihr berichten, finden sich aber spätestens seit dem 6. Jahrhundert vor Christus.

Im antiken Griechenland war Homosexualität nämlich kein Tabuthema, sondern eher an der Tagesordnung. Die Menschen verstanden Liebe als eine vielschichtige Angelegenheit, die sowohl gleich- als auch gegengeschlechtliche Beziehungen umfasste. Erstere wurden aber nicht nur toleriert, sondern waren Bestandteil des sozialen und religiösen Lebens. Es gab zahlreiche Berichte von homosexuellen Beziehungen unter Bürgern und sogar unter den Herrschern.

Der Begriff „schwul" existierte damals allerdings nicht in der gleichen Weise wie heute. Stattdessen gab es viele Formen zwischenmenschlicher Beziehungen, die von unterschiedlichen sozialen Normen und Praktiken geprägt wurden.

Oft entwickelten sich Verbindungen zwischen Männern im Rahmen der sogenannten „Päderastie", mit der unvorteilhaften deutschen Übersetzung „Knabenliebe". Dieser Begriff bezeichnet eine Beziehung zwischen einem älteren und einem jüngeren Mann oder sogar Jugendlichen. Die Päderastie diente unter anderem dazu, jüngeren Männern aus weniger privilegierten Verhältnissen Zugang zu Bildung und einen gesellschaftlichen Aufstieg zu ermöglichen.

Im Gegensatz zu heutigen Vorstellungen über Altersunterschiede in Beziehungen – junge Frauen wurden ebenfalls oft mit deutlich älteren Männern verheiratet – war es in der antiken griechischen Gesellschaft vielmehr der soziale Status, der als problematisch gelten konnte. In einer Gesellschaft, in der Ehre und Ansehen zentrale Werte darstellten, war es wichtig, dass Beziehungen (egal welcher Art) die soziale Ordnung nicht störten.

Klar, ich will diese Praxis aus dem alten Griechenland nicht schönreden. Dennoch zeigt sie deutlich, dass die Bewertung von nicht-heterosexuellen Personen von der Kultur abhängig ist, in der sie leb(t)en. Die griechische Historie fordert deshalb auch dazu auf, gegenwärtige Ansichten zu hinterfragen und als das zu erkennen, was sie sind: menschengemacht.

Trotzdem war das absolute Verbot von Homosexualität mit Aufkommen der abrahamitischen Religionen – Judentum, Christentum und Islam – sicher nicht der richtige Weg. Vor allem unter dem Einfluss dieser Glaubensrichtungen begann sich die Einstellung gegenüber queeren Personen deutlich zum Schlechteren zu entwickeln; sie wurden zunehmend stigmatisiert und geächtet.

Erst im Laufe des 19. und 20. Jahrhunderts bildeten sich Gruppen, die sich öffentlich für die Rechte von Homosexuellen einsetzten. Doch noch bis weit ins 20. Jahrhundert konnte ein Coming-out bedeuten, alles zu riskieren, was einem lieb war. Familie, Freunde, das eigene Leben, nichts war vor der Verurteilung durch Kirche und Staat sicher. Und noch bis 1994 dauerte es, bis die Strafe für Homosexualität in Deutschland offiziell aufgehoben wurde – und das in Europa! Das muss man sich einmal vorstellen.

Nachdem mein Handy heiß gelaufen war, legte ich es zur Seite und grübelte noch eine Weile in meinem Bett, eingekuschelt in meine *One-Piece*-Decke. Okay, Homosexualität ist kein modernes Phänomen, got it. *Aber warum dürfen dann heterosexuelle Menschen in der heutigen Zeit immer noch entscheiden, wie homosexuelle Menschen ihr Leben zu leben haben? Warum interessiert es überhaupt so viele, wie andere ihr Leben gestalten? Sollte man sich nicht um seinen eigenen Kram kümmern, anstatt andere Lebensweisen aufgrund subjektiver Weltanschauungen zu verurteilen? Abgesehen davon tragen streng religiöse Menschen doch zum Beispiel genauso Klamotten von bekanntermaßen homosexuellen Designern! Supporten die nicht damit auch queere Menschen?*

Funfact: Homosexualität existiert sogar im Tierreich! Im Sommer 2023 besuchte ich das Aquarium Oceanogràfic in Spanien, Valencia. I know, die Haltung von Wildtieren in engen Gehegen ist ein strittiges Thema und ich muss anmerken, dass es definitiv Orte gibt, an denen besser auf das Tierwohl geachtet wird. Allerdings erfuhr ich dort, dass die Bildung von gleichgeschlechtlichen Paaren bei mehr als 450 Tierarten vorkommt!

Vielleicht hast du bereits von gleichgeschlechtlichen Pinguin-Paaren gehört? Dass diese gemeinsam ein Ei ausbrüten, ist nichts Ungewöhnliches. Im Jahr 2020 hat im Oceanogràfic zum Beispiel ein lesbisches Pinguin-Paar das Ei eines anderen Paares adoptiert und ausgebrütet.

Im September des vergangenen Jahres sorgte außerdem ein Fall im dänischen Odense für Schlagzeilen: Im dortigen Zoo stahlen zwei verliebte Pinguin-Männer kurzerhand das Ei eines anderen Paares, während dieses schwimmen war. Ihnen war wohl aufgefallen, dass sie kein eigenes bekommen konnten, so sehr sie es auch versuchten. Die Tierpfleger mussten sich einiges einfallen lassen, bis sie den eifrigen Pinguinen das Ei wieder abnehmen konnten. Irgendwie cute, oder?

02
KAPITEL

ONLY THE YOUNG

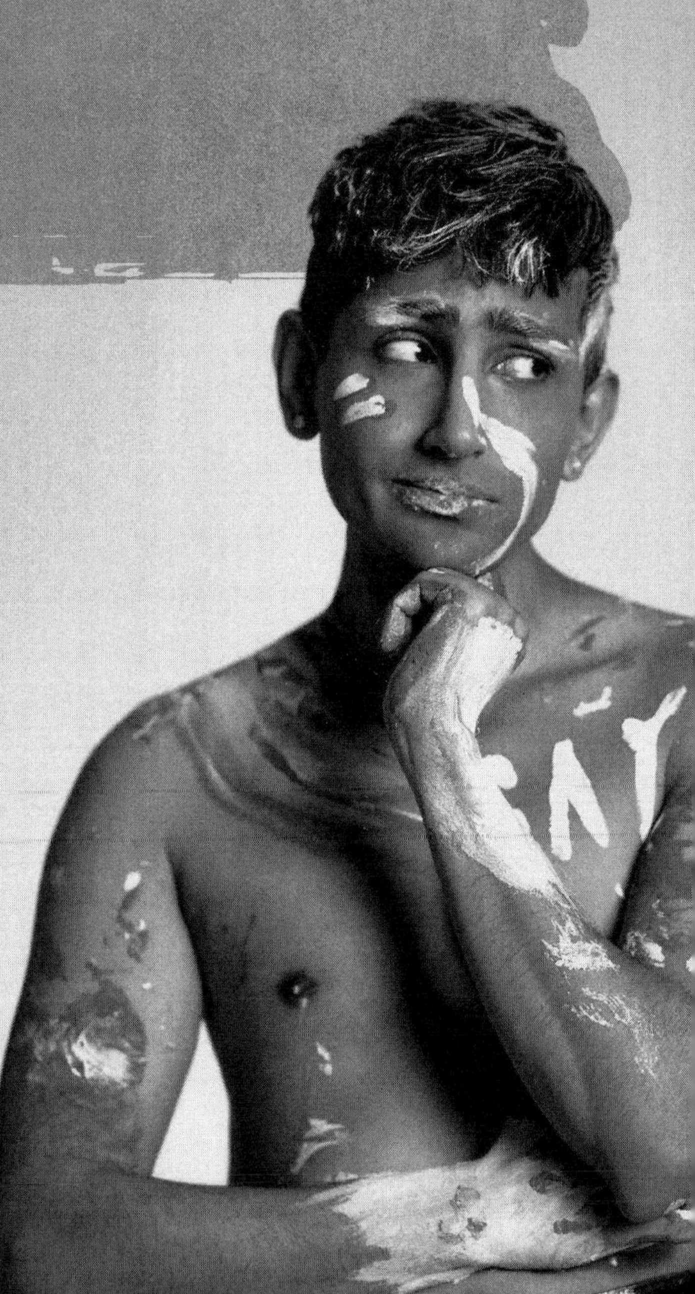

„Die Schulzeit war die schönste Zeit meines Lebens!“ ist etwas, was ich niemals sagen würde, lol. Skrupellose, voreingenommene Schüler und feige, desinteressierte Lehrer wie Herr Hummel prägten bis zum Ende der 10. Klasse mein Schülerleben in Köln-Chorweiler. Aber ich habe all das nicht allein durchstehen müssen. Selbst wenn ich in der Schule irgendwann Angst hatte, ich selbst zu sein, habe ich in der Parallelklasse wenigstens einen Schulkameraden gefunden, der mich so akzeptierte, wie ich war.

Zum Glück konnte ich nach dem Schulwechsel aufs städtische Gymnasium einen Blick auf das Ende des Tunnels erhaschen. Zwar trieben auf der neuen Schule ebenfalls einige Mobber ihr Unwesen, jedoch hatte einer von ihnen ein großes Geheimnis: ausgerechnet das Wanna-be-Alphatier und Aushängeschild der Homophobie, Finn Wagner. Ahnst du, worauf ich hinauswill? We’ll see.

Love, Hate and School

Aber fangen wir von vorne an. Die Realschulzeit von der 5. bis zur 10. Klasse war für mich also der reinste Albtraum. Jeder freie Tag, an dem ich diesen Ort nicht besuchen musste, war ein Geschenk. Ich konnte es kaum erwarten, mich von meinen Mitschülern zu verabschieden. Von einem endgültigen „Ciao, bitches“ durfte ich allerdings lange nur träumen.

Keiner der anderen in meiner Klasse interessierte sich für dieselben Themen, die mich damals schon begeisterten. Tanzen galt als reiner Mädchensport, Make-up zu tragen war sowieso nichts für Jungs und von Style hatte zu dieser Zeit auch noch keiner etwas gehört. Sie trugen alle Uniform: graue Jogginghosen, Seiten auf null und Eastpak-Bauchtaschen. So männlich, mir kommen die Tränen.

Und ich? Ich war mit meinen Skinny Jeans und als der Kleinste der Klasse ein gefundenes Fressen. Denn wenn du in Köln-Chorweiler zur Schule gehst und dich nicht anpasst, hast du zu 100 Prozent verloren. Game over. Dass ich immer der Einzige war, der nicht eingeladen wurde, wenn sich alle meine Altersgenossen trafen, um Fußball zu spielen oder abzuhängen, war noch mein geringstes Problem. Dabei habe ich auch Animes geschaut und Videospiele gezockt, doch das wusste keiner meiner Mitschüler. Wie auch? Ich habe es ja nicht einmal geschafft, mehr als drei kurze Sätze mit einem von ihnen zu wechseln. Sie haben mich sofort als weird abgestempelt.

Zwar hatten die Mädchen in meiner Klasse was für mich und mein gepflegtes Äußeres übrig, doch Kommentare wie „Schaut mal, wie perfekt seine Augenbrauen sind!“ oder „Ken, du hast so einen coolen Style!“ zogen leider noch mehr unerwünschte Aufmerksamkeit meiner Klassenkameraden auf mich. Bestimmt wäre ich ein toller gay best friend[3] geworden, wenn das starke Mobbing nicht dafür gesorgt hätte, dass ich mich immer weiter von allen zurückzog.

Kurz nach dem Beginn der 6. Klasse sollte allerdings etwas Unerwartetes geschehen. In der großen Pause zog ich mich in eine ruhige Ecke der Schulbibliothek zurück. Zwischen den Regalen voller Bücher fühlte ich mich sicher – hier konnte ich in fremde Welten eintauchen und für einen Moment abschalten.

Plötzlich hörte ich eine Stimme hinter einem der Regale: „Ist das nicht *Death Note*? Das ist einer meiner Lieblingsmanga!“

Überrascht blickte ich auf und sah einen Jungen mit strubbeligen Haaren und einem verschmitzten Lächeln. Es war Kaykay aus der Parallelklasse – jemand, den ich bisher nur flüchtig wahrgenommen hatte, weil wir den gleichen Schulweg teilten.

„Ja, ich liebe die Charakterentwicklung von Light und die Story überhaupt!“

3 Ich weiß natürlich, dass manche Menschen sich mit der Kategorie „Schwuler bester Freund“ nicht wohlfühlen und sie aus verschiedenen Gründen ablehnen. Das bewertet jeder für sich anders und deshalb möchte ich das Thema nicht in einem großen Rahmen öffnen oder darüber urteilen, sondern einfach nur sagen: Für mich ist die Bezeichnung kein Problem und deshalb verwende ich sie hier.

„Ich auch! Ich bin Kaykay übrigens."

„Ken", murmelte ich leise.

Ich wusste, ich brauchte wenigstens einen Verbündeten, um mit all den „Intellektuellen" auf dieser Schule nicht vollkommen wahnsinnig zu werden. Nur eine Person, die mich verstand und bei der ich mich ausheulen konnte, wenn es mal nötig war. Könnte dieser Junge mein erster richtiger bester Freund werden?

Ich fand heraus, dass er tatsächlich direkt neben mir wohnte. Kein Wunder also, dass wir uns auf dem Heimweg immer wieder begegnet waren. Wir haben uns im Laufe der Zeit durch gemeinsame Interessen wie Animes und Gaming zu richtigen Freunden entwickelt, haben stundenlang gemeinsam bei mir gesessen, Yu-Gi-Oh!-Karten gespielt und Deeptalks geführt. Mit Kaykay konnte ich ein ganz normaler Teenager sein, unabhängig davon, was bei mir sonst so los war. Ihm schien nichts an mir seltsam oder verurteilenswert vorzukommen. Er nahm mich so an, wie ich eben war. Leider war er damit eine der wenigen Ausnahmen zu dieser Zeit.

Genau wie ich hatte damals auch Kaykay so seinen Struggle an unserer Schule. Als Zentralasiate musste er sich andauernd rassistische Sprüche über seine mandelförmigen Augen anhören und sich schon fast dafür rechtfertigen, dass er kein Chinese war, sondern Kasache. Auch seine ruhige Art war für einige seiner Mitschüler Anlass genug gewesen, ihn zu hänseln. Wir lieben rassistische Menschen mit eingeschränktem Urteilsvermögen, right?

Im November, kurz nach den Herbstferien in der 6. Klasse, schüttete es wie aus Eimern. Die Wolkendecke vor dem Fenster schien mich zu erdrücken und das sich anbahnende Gewitter zerstörte endgültig auch den letzten Rest meiner guten Laune. Ich hatte natürlich keinen Schirm eingepackt.

Der Unterricht war beendet und ich machte mich gerade mit meiner Tasche auf den Weg in Richtung Freiheit.

Bruder, bist du schwul?

Zack.

Mit einem Mal verlor ich das Gleichgewicht und lag in der nächsten Sekunde mit dem Gesicht auf dem PVC. Hatte mir jemand ein Bein gestellt oder war ich bloß unfähig gewesen? Auf dem Boden war nichts zu erkennen, über das ich gestolpert sein konnte. *Nicht schon wieder*. Als ich resigniert hochschaute, hatten sich drei Jungs um mich herum versammelt.

Einer zeigte mit dem Finger auf mich, ein anderer hielt sich die Hand vor den Mund. Sein Kichern habe ich trotzdem mitbekommen. Ich hörte Andi, den Schlimmsten meiner Klassenkameraden, sagen: „Bruder, ist der schwul oder so?“ Er zeigte in Richtung meiner *High-School-Musical*-DVD, die beim Aufprall aus meiner Tasche gerutscht sein musste.

Ich war ein riesiger Disney-Fan und lieh mir häufig Filme aus der Schulbibliothek aus. „Andi, warum interessierst du dich eigentlich so für meine Sexualität?! Willst du so dringend mit mir auf ein Date, oder was?“, hätte ich am liebsten gefragt, verkniff mir aber aus Angst vor noch mehr dummen Sprüchen jeden Kommentar.

Was macht man, wenn der Klassenraum zu einem Löwenkäfig wird? Angeblich kämpft Man(n) und wehrt sich. Ich hingegen ging den Konflikten aus dem Weg. *Bloß keinen Augenkontakt aufbauen, Ken. Schluck es herunter und dann raus hier.*

Andi und die Jungs lachten laut und gingen dann, ohne sich noch einmal umzudrehen oder gar nach mir zu sehen.

Dass sie die DVD entdeckt hatten, war mir so peinlich, dass es eine ganze Zeit gedauert hat, bis mir klar wurde, dass etwas nicht stimmte.

Erst als ich meinen Rucksack packen und aufstehen wollte, merkte ich, dass mein Handgelenk wehtat. *Eine verstauchte Hand? Nicht das noch!* Es war mir zwar schon länger klar gewesen, dass viele Aktionen meiner Mitschüler nicht in

Ordnung waren, aber vermutlich war das der Moment, in dem ich zum ersten Mal gemerkt habe, dass das, was sie taten, wirklich falsch war.

Erzählt habe ich davon in der Schule niemandem. Erst zu Hause, wo mein Arm nicht nur bei jeder Bewegung schmerzte, sondern auch noch komplett blau anlief, bat ich meine Mama um Rat. Allerdings hatte ich zu viel Angst, um ihr zu sagen, dass ich gemobbt wurde. *Wie soll ich das erklären? Weil ich anders bin als die anderen Jungs, zu feminin für diese Schule? Weil ich schwul bin?*

„Ich bin gestolpert", war deswegen alles, was mir einfiel, als sie entsetzt fragte, wie ich das hinbekommen hatte.

Beim Arzt sollte sich übrigens herausstellen, dass ich mir bei meinem Sturz tatsächlich das Handgelenk gebrochen hatte. Das bedeutete für mich: mehrere Wochen lang Gips tragen und nur Finger und Ellenbogen bewegen können. Wenn du dir selbst schon einmal was gebrochen hast, weißt du ja, wie nervig das ist. Das Allerschlimmste ist aber der Juckreiz unter dem verdammten Ding.

Als ich am darauffolgenden Tag plötzlich mit Gips in die Schule kam, schienen zwar manche meiner Mitschüler so etwas wie Mitgefühl für mich zu empfinden, aber so richtig interessiert hat es niemanden und eine Entschuldigung von Andi oder einem seiner Freunde habe ich nie zu hören bekommen. Nicht einmal die Lehrer haben gefragt, wie das Ganze passiert ist. Tatsächlich hat das Mobbing auch danach nicht aufgehört, obwohl ich so verletzt worden war.

Gerade weil Kaykay und ich uns in einer ähnlichen Situation befanden, hat er mich meine gesamte restliche Realschulzeit über immer unterstützt und mir dabei geholfen, das Mobbing und die Schikanen der anderen ein bisschen leichter zu nehmen und gleichzeitig die Schule nicht zu vernachlässigen. Für uns gab es nichts Wichtigeres, als unseren Abschluss zu machen, damit wir ja keine Sekunde länger in diesem Höllenloch verbringen mussten. Wir wussten von Anfang an: „Nur noch fünf Jahre, dann sind wir hier weg!" In den darauffolgenden Schuljahren drängten wir uns deshalb in die erste Reihe der Klassen und versuchten, in jeder Unterrichtsstunde aufzupassen und mitzuschreiben.

Leider bin ich erst ziemlich spät in den Stimmbruch gekommen – entsprechend hoch war meine Stimme, bis ich etwa 15 Jahre alt war. Wollte ich in den einzelnen Fächern mitarbeiten, haben sich meine Mitschüler in den hinteren Reihen über Jahre hinweg vor lauter Kichern fast nicht mehr eingekriegt.

Auch das hat meine Lehrer nur deswegen interessiert, weil es ihren Unterricht störte. Ob ich darunter litt, schien ihnen genauso egal zu sein wie meine Verletzung damals. Als ich mich immer weniger freiwillig meldete, wurde ich halt häufiger von ihnen aufgerufen. Sobald ich dann eine Antwort gab, begannen die anderen wieder, sich über meine Stimme lustig zu machen und mich nachzuäffen. So wurde jede Stunde zur neuen Episode einer Comedy-Show, mit mir als unfreiwilligem Hauptact.

Nicht jeder ist mit 15 schon im Stimmbruch und manch einer hat eben sein Leben lang eine etwas höhere Stimmlage. So what? Wäre doch auch blöd, wenn wir uns alle zum Verwechseln ähnlich anhören würden.

Als dann endlich das Ende der 10. Klasse nahte und die Abschlussprüfungen vor der Tür standen, schien sich die Dynamik der Klasse erstmals zu verändern. Die Atmosphäre war nun eine Mischung aus Nervosität und Vorfreude. Diejenigen, die früher ihre Tage damit verbracht hatten, Kaykay und mir das Leben schwer zu machen, standen plötzlich vor einer unerwarteten Herausforderung: Sie mussten ihre Noten verbessern, um ihren Abschluss zu sichern. Plötzlich waren es nicht mehr die Witze und Sticheleien, die im Vordergrund standen, sondern die drängende Sorge um die Zukunft. Sogar Andi und die anderen Mobber wurden netter … fast schon übertrieben nett. Wahrscheinlich, weil wir zu den wenigen Schülern gehörten, die konstant in allen Schulfächern Notizen gemacht hatten.

Kaykay und ich hatten zum Glück schon weiterführende Pläne: Er ging nach Abschluss der Fachoberschulreife zur Berufsschule, um Grafikdesigner zu werden, ich wechselte aufs Gymnasium, um mein Abitur zu machen.

Happy Ending? Na ja, noch nicht ganz.

Am letzten Tag der 10. Klasse veranstaltete die Schule einen Abschlussball, bei dem alle Schüler des Abschlussjahrgangs zum Tanzen verpflichtet werden sollten.

Eines hinderte mich allerdings daran, denn es gab diese eine bescheuerte Regel: „Jungs müssen mit Mädchen tanzen." Wait what? *Sind wir etwa in den 50ern stecken geblieben? Deutschland be like. Warum bin ich nicht an einer weltoffenen, modernen High School wie aus den ganzen amerikanischen Serien?*

Mit Kaykay durfte ich also nicht tanzen, weil das wohl die Weltanschauung der Schulleitung gecrasht hätte. Ich weiß, Traditionen und so, aber damals habe ich das wirklich nicht verstanden. Verstehe ich eigentlich auch immer noch nicht. Schließlich entwickeln sich Traditionen auch immer weiter, wenn sich zeigt, dass sie überholt sind. Ich meine, Hexenverbrennungen und Kinderarbeit sind ja auch keine Praxis mehr in Deutschland, lol. Okay, vielleicht war das ein übertriebener Vergleich, aber du weißt, was ich meine.

Ich hatte damals jedenfalls zwei Optionen: entweder mit einem Mädchen zu tanzen, das null Bock auf mich hatte (was definitiv auf Gegenseitigkeit beruhte), oder den ganzen Ball zu skippen. Und rate, wofür ich mich entschieden habe?

Klar, ich habe mich danach oft gefragt, ob ich nicht etwas verpasst habe – aber ganz ehrlich, von einem richtigen Abschlussball mit einem süßen Jungen wie bei *Heartstopper* oder *Glamorous* hätte ich im „wunderschönen" Köln-Chorweiler nur träumen können.

TAKEAWAY

Wenn deine Schulzeit scheiße war oder ist, dann bist du damit also nicht allein. Im Gegenteil: Mobbing ist ein weitverbreitetes Problem, das Menschen aus allen Gesellschaftsschichten betrifft. Wir alle können zum Mobbingopfer werden, ganz gleich, ob es sich um unsere Religion, Hautfarbe oder Sexualität dreht. Schau nicht weg. Auch wenn du nur stiller Beobachter bist. Sprich mit deinem Umfeld oder mit Außenstehenden, um den betroffenen Personen zu helfen und ihnen beizustehen.

Wenn du selbst gemobbt wirst oder gerade aus einer akuten Mobbingsituation kommst, dann atme tief durch. Letztendlich muss man sich immer wieder selbst vor Augen halten: Hey, das, was da gerade geschieht, das habe ich nicht verdient. Denn egal, was jemand getan hat oder wie jemand ist, niemand hat es verdient, gemobbt zu werden.

Nimm dir die Zeit, die du brauchst, um dir Hilfe zu suchen – aber such dir Hilfe. Mach nicht den gleichen Fehler wie ich, versteck dich nicht. Du musst dich nicht dafür schämen. Ich verspreche dir, dass es jemanden gibt, der dich verstehen und in deiner Situation unterstützen wird. Ob ein Lehrer, ein Elternteil, ein Mitschüler oder ein Psychologe: Wichtig ist, dass du nicht schweigst, sondern dir Beistand holst, um dich zu wehren. Du bist nicht allein und es gibt viele Menschen, die dir aus deiner scheinbar aussichtslosen Situation heraushelfen wollen.

Such dir außerdem Gleichgesinnte. Vielleicht findest du (wie ich) an deiner Schule jemanden, der deine Situation kennt und versteht. Er könnte womöglich ein Freund fürs Leben werden, wenn du dich traust, dich darauf einzulassen. Und falls du in der Schule niemanden findest, heißt das nicht, dass irgendwas mit dir falsch ist. Vielleicht passen die Leute dort einfach nicht zu dir und du musst eher außerhalb deines schulischen Umfelds suchen. Vertrau mir aber, dass es einen Safe Space geben wird, an dem du dich geborgen und wie zu Hause fühlen kannst.

TKKG-Episode: Sonnenaufgang

Plot-Twist: In den letzten Jahren der Realschulzeit gab es tatsächlich eine Gruppe von Teenagern aus meiner Nachbarschaft, darunter auch mein bester Freund Kaykay, die mir die Möglichkeit gaben, einfach mal das Leben eines normalen Jugendlichen zu leben. Die Orte, an denen wir uns gemeinsam aufhielten, die Spiele, die wir spielten, die Unterhaltungen, die wir führten – einfach alles hatte einen anderen, entspannteren Vibe.

Jeder aus der Clique kam von irgendwo anders her. Ich – beziehungsweise meine Eltern – aus dem Nahen Osten, Anastasia und Slava aus Russland, Lisa aus der Ukraine, Ravi aus Indien und Kaykay aus Kasachstan. Irgendwann hat sich auch ein Turkmene, Daniel, zu uns gesellt. Wir waren ein wahrer Schmelztiegel der Kulturen, verbunden durch eine Gemeinsamkeit: Wir alle waren in der Schule wie vergrabene Knospen. Wir versteckten unsere heiteren Persönlichkeiten und Talente und blühten erst später – außerhalb der Schule – auf, wenn wir nicht mehr in Schubladen gesteckt wurden. Deshalb habe ich mich in diesem Kreis immer sicher gefühlt und konnte meine Deckung, die ich in der Schule krampfhaft aufrechterhielt, fallen lassen.

Jede coole Gruppe, die so vertraut war wie wir, verdiente einen Namen, das hatten uns die Serien unserer Jugend wie *TKKG* oder *Die wilden Kerle* vorgemacht. Wir bezeichneten unsere Clique als „Sonnenaufgang". Du fragst dich, woher dieser Name stammt? Wir hatten die Angewohnheit, früh morgens gemeinsam den Sonnenaufgang am Fühlinger See zu beobachten. Mit Tee, Snacks und Kuscheldecke war es richtig gemütlich. Vielleicht war es gar nicht der Sonnenaufgang, der uns motivierte, so früh aufzustehen, sondern dieses aufregende Gefühl, aus den Wohnungen unserer Eltern zu schleichen und gemeinsam Abenteuer zu erleben. Und nein, ich beschreibe gerade keine Szene aus einem Nullachtfünfzehn-Teenager-Freundschaftsfilm.

In den Sommerferien packten wir jeden Tag unsere Fahrräder und fuhren zum See – fünf Minuten und du bist am schönsten Ort von ganz Köln. Dort saßen wir am Lagerfeuer und quatschten stundenlang, während wir Kekse und Marshmallows gegessen haben. Es war schön, einfach verstanden zu werden und in einer Gruppe von verschiedensten Menschen man selbst sein zu können.

Manchmal haben wir zugegebenermaßen auch ziemlich gefährliches Zeug gemacht, bei dem meine Mama mir zurecht eine ordentliche Standpauke gehalten hätte, hätte sie davon gewusst. Unter anderem machten wir uns nachts mit der Kamera auf die Suche nach Lost Places.

Vielleicht sagt dir das berüchtigte Geisterhaus „Haus Fühlingen" etwas. In einer idyllisch gelegenen Gegend zwischen Köln-Chorweiler und dem Fühlinger See steht eine imposante Villa, die seit mittlerweile über 30 Jahren leer steht – und danach sieht sie auch aus. Ich sage dir, selbst wenn du nicht an Geister glaubst, ist das nichts für schwache Nerven. Du musst dir vorstellen, dass du immer Angst hast, von irgendwem auf frischer Tat ertappt zu werden.

Es ist übrigens nicht nur aus Sicherheitsgründen illegal, das Gelände von solchen leerstehenden Häusern zu betreten. Sobald drum herum ein Zaun oder Ähnliches steht, ist es rein rechtlich gesehen Hausfriedensbruch.

Trotzdem spüre ich heute noch den Nervenkitzel.

„Ken, hörst du das Knacken?"

„Hinter mir ist etwas, Lisa!"

„Pssst, Slava! Ihr seid viel zu laut! Wir dürfen nicht erwischt werden!"

Nichts war schlimmer, als wenn uns andere Gruppen begegnet sind. Erst hörst du Schritte in der Ferne, und weil du glaubst, dass du mit deinen Freunden allein hier bist, malst du dir die verrücktesten Sachen aus. Konnte es doch rachsüchtige Geister des Hauses geben? Oder waren es Junkies? Verbrecher?

In der Zeit damals haben wir so viel erlebt, dass ich allein damit ein ganzes Buch füllen könnte. Es waren unsere eigenen TKKG-Momente, die mir zeigten, dass es ein Leben außerhalb der Schul-Hölle gab, das nur darauf wartete, entdeckt zu werden. Mit der Zeit schlossen sich auch andere Kinder aus unserer Nachbarschaft an. Später streiften wir oft zu acht oder neunt durch die Gegend. Jeder Einzelne brachte seine eigene Perspektive mit und dennoch haben wir einander immer respektiert und unterstützt.

Wenn ich mit meinen Freunden zusammen war, konnte ich alle Masken ablegen. Kein Fake, kein Drama, kein Hate und auch kein Verurteilen. Eben genau das, was man von einem Safe Space erwarten würde. Ich bin meinen Freunden bis heute unbeschreiblich dankbar dafür. I don't mean to brag, ich betone das vor allem deswegen, um dir zu zeigen, wie ein gesundes Umfeld aussieht, und um dir Hoffnung zu machen. Mit der Zeit findest du die richtigen Leute, die ähnliche Lebensvorstellungen teilen wie du.

Wenn du dich fragst, weshalb ich mich bei dem tollen Freundeskreis nicht früher geoutet habe, kann ich nur sagen: Ich hatte einfach Angst. Trotz aller Bestätigung wurde ich die Befürchtung nicht los, dass ich mich in meinen Freunden getäuscht haben könnte. Ich wollte nicht mit einem Schlag mein gesamtes Sozialleben verlieren. Dass diese Angst grundsätzlich nicht unbegründet ist, verdeutlichte mir die Story eines meiner Community-Mitglieder. Scanne den QR-Code, um mehr von seinen Erfahrungen zu hören.

Weiß die alte Crew von meinem Outing? Mittlerweile: Yes, they know!

Allerdings schaffte ich es erst, ihnen die Wahrheit zu erzählen, als wir uns schon längst nicht mehr so regelmäßig trafen wie früher. Unsere Verbindung bestand nach wie vor, obwohl inzwischen jeder seinen eigenen Weg ging. Aber möglicherweise machte gerade der Abstand es mir leichter.

Ein gutes halbes Jahr nach dem Abitur verabredete ich mich mit Lisa auf einem kleineren, versteckten Weihnachtsmarkt, den nur die Kölner Locals zu kennen schienen – ein Geheimtipp, den uns unsere Freunde aus *Sonnenaufgang* verraten hatten.

Auf dem Weg zum Weihnachtsmarkt biss mir die Kälte ins Gesicht, als ich durch die Gassen Kölns schlenderte. Es war so kalt, dass mein Atem kleine Wolken bildete. Als ich den Markt erreichte, umfing mich sofort der Duft von gebrannten Mandeln und Tannengrün. Ich fand Lisa an einem Stand mit Glühwein und Brezeln. Sie trug den roten Schal, den ich ihr mal zum 16. Geburtstag geschenkt hatte. Als sie mich sah, winkte sie überschwänglich.

„Ken! Da bist du ja endlich!", rief sie und ihre Augen funkelten vor Freude. Ihr ansteckendes Lachen klang wie Musik in meinen Ohren. Wir umarmten uns lange.

Jeder einzelne meiner Sonnenaufgang-Clique ist mehr als nur ein guter Freund für mich. Sie sind über die Jahre ein Teil meiner Familie geworden. Auch wenn wir uns lange nicht gesehen haben, war es immer, als hätten wir erst letzte Woche zusammen am See gesessen – selbst wenn es eine kleine Ewigkeit her war. Drei ganze Jahre, um genau zu sein.

Mit einem Becher Glühwein in den Händen gingen wir zwischen den Ständen hindurch und tauschten Geschichten aus unserem Leben aus. Wir lachten über alte Erinnerungen und staunten darüber, wie schnell die Zeit vergangen war. Unser Gespräch driftete langsam in nostalgische Gewässer ab. Wir sprachen über unsere Kindheitsträume und wie anders das Leben manchmal spielte.

Doch während Lisa von ihren Abenteuern erzählte, spürte ich eine wachsende Nervosität in mir aufsteigen. Ich hatte etwas Wichtiges mit ihr zu teilen.

„Lisa ...", begann ich zögerlich und das Herz klopfte mir bis zum Hals. „Ich habe dich heute nicht nur wegen einem Glühwein gebeten, hierher zu kommen ..." Sie sah mich erwartungsvoll an, ihre Augen aufmerksam.

„I-ich bin schwul", brachte ich endlich heraus. Für einen Moment war es still. Trotz der winterlichen Temperaturen war mir heiß und kalt abwechselnd, meine Handflächen waren unangenehm feucht. Während ich angespannt auf ihre Reaktion wartete, brach Lisa in ein herzliches Lachen aus.

„Ken", sagte sie noch immer schmunzelnd, „ich weiß. Ich ... nein ... wir haben es schon immer gewusst."

Blitzartig fühlte ich mich erleichtert und ein kleines Lächeln breitete sich vorsichtig auf meinem Gesicht aus. Hatte ich wirklich geglaubt, dass ich ihr oder einem der anderen irgendetwas vormachen könnte? Wir umarmten uns fest und länger als zuvor – es war eine Umarmung des Vertrauens und einer tiefen Verbundenheit. Wie zwei Geschwister, deren Band so stark ist, dass nichts dazwischenkommen kann.

„Komm", sagte Lisa fröhlich, nachdem wir uns gelöst hatten, „lass uns noch einen Glühwein holen. Aber diesmal mit einem Schuss Amaretto!"

I kissed a ~~Girl~~ Boy and I liked it

Nach meinem Realschulabschluss musste ich von der Schule, die direkt vor meinem Zuhause im grünen Chorweiler lag, auf das Gymnasium in der 60 Minuten entfernten, hektischen Kölner Innenstadt wechseln. Frische 16 Jahre alt und plötzlich war alles anders. Mein neuer Schulort war kein Vergleich zu dem, was ich aus Chorweiler gewohnt war. Aus dem „Getto" in die moderne und weltoffene Metropole?

Bruder, bist du schwul?

Die Zeit am Gymnasium war auf jeden Fall deutlich besser als die in der Realschule. Stell dir vor, du hast das alte Schuldrama endlich hinter dir gelassen und kommst in eine neue Umgebung, in der die Menschen auf den ersten Blick ganz anders zu sein scheinen als früher. Jetzt verstand ich die ganzen Schüler in amerikanischen High-School-Filmen, die ihre Schulen mehrmals wechseln, bis sie endlich einen Ort finden, der genau zu ihnen passt und an dem sie ganz sie selbst sein können.

Durch diesen Neustart hoffte ich, einen besseren ersten Eindruck von mir zu hinterlassen und Schüler zu treffen, die mich nicht wegen einer etwas höheren Stimme oder Skinny-Jeans ablehnten. Ein paar Leute dort am Gymnasium hatten wirklich große Ambitionen und Ziele und dementsprechend keine Zeit, sich mit einem etwas femininen Jungen – also mir – zu beschäftigen. Zum ersten Mal dachte ich: Die Welt dreht sich tatsächlich nicht nur um meine Probleme, lol. Ein erster Lichtblick.

Dachte ich.

Na ja, trotzdem fiel es mir nicht leicht, meine negativen Erfahrungen hinter mir zu lassen – wäre ja auch zu schön, um wahr zu sein. Immerhin vergisst man nicht, was vorher so passiert ist, und schmerzhafte Wunden hinterlassen oftmals hässliche Narben. Mein Vertrauen in andere war zu der Zeit ernsthaft angeknackst. Ich wollte deswegen immer noch verbergen, dass ich schwul war, und habe mich mit mir und meiner sexuellen Orientierung generell nach wie vor nicht wirklich wohlgefühlt. Es fiel mir aber immerhin leichter, unter dem Radar zu bleiben, was meine Schulzeit ein ganzes Stück angenehmer hätte machen können – wäre da nicht Finn gewesen.

Dabei war es am Anfang noch gar nicht so schlimm. Finn und ich gingen in eine Klasse und sind uns halt mal über den Weg gelaufen, haben aber nie wirklich miteinander gesprochen. Das lag vielleicht auch daran, dass wir zwar im gleichen Alter waren, aber ansonsten unterschiedlicher nicht hätten sein können. Finn war groß, athletisch, hatte einen leichten Oberlippenbart und dunkelbraunes Haar. Eigentlich genau mein Typ. Er war mit den gut aussehenden Typen der Schule befreundet und immer von einer Gruppe Mädchen umgeben, die ihn täglich anhimmelte. In einem amerikanischen High-School-Drama wäre er der Quarterback. Ein richtiger Chad. Da er sich immer als das typische heterosexuelle Alphatier präsentierte, nahm ich aufgrund meiner früheren Erfahrungen automatisch an, dass er Schwule als minderwertig ansah, und versuchte ihm möglichst aus dem Weg zu gehen.

Mein Ziel war es nach wie vor, einfach nur durch den Tag und insbesondere die unangenehmsten Stunden des Biologie-Unterrichts zu kommen, wenn dort wieder einmal über Homosexualität gesprochen wurde. Ich meine, Sexualkunde in der Schule ist ja sowieso schon cringe, aber wenn dir wieder und wieder vor Augen geführt wird, dass gewisse Mitschüler dich abnormal finden, macht es das Ganze nicht gerade besser.

„Haram! Das ist Haram!“, unterbrach Finn lachend die Ausführungen unseres Lehrers und sah in meine Richtung. Ich hatte plötzlich das Gefühl, dass ich während des Unterrichts nun umso mehr aufpassen musste, mein Geheimnis nicht zu verraten. Tobi (sein bester Freund) grinste breit und schaute begeistert durch den Klassenraum, vermutlich um sich der Zustimmung zu Finns Kommentar zu versichern. *Träume ich gerade oder geht es von vorne los? Das können die doch jetzt nicht ernst meinen? Bin ich aufgeflogen? Werde ich schon wieder zum Mobbingopfer?!*

Als wäre das nicht schon genug, ließ Finn es sich auch nicht nehmen, der ganzen Welt in aller Deutlichkeit mitzuteilen, dass er es „abscheulich“ und „unnatürlich“ fände, wenn zwei Männer sich in der Öffentlichkeit küssen. *Warum gehen eigentlich so ungebildete und von Vorurteilen geprägten Leute wie Finn aufs Gymnasium?*, habe ich mich damals gefragt. *Das kann doch nicht sein, dass er so dermaßen unaufgeklärt ist.*

Im Gegensatz zur Realschule reagierte aber niemand außerhalb von Finns Gang auf seine Aussage. Stattdessen wurde sie mit Stöhnen und Augenrollen quittiert. Du kannst dir sicher vorstellen, wie sehr mich das erleichtert hat. *Vielleicht gibt es hier ja doch noch einige mit gesundem Menschenverstand …*

Dennoch rutschte ich sofort in meine alten Gedankenspiralen ab und steckte in einem mir wohlbekannten Dilemma fest. Ich war zu diesem Zeitpunkt einfach noch nicht bereit, meine Sexualität mit anderen zu teilen, und wollte alles dafür tun, meine Mitschüler von den richtigen Schlüssen fernzuhalten.

Mich zu melden und Stellung zu Finns Aussagen zu beziehen, kam für mich nicht in Frage. Ich hatte Angst, jemand würde mein Engagement korrekt interpretieren. „Ist ja klar, dass er sich so einsetzt. Er ist ja selbst schwul", hätte es heißen können.

Andererseits ließ mich auch der Zweifel, mich zu verraten, wenn ich nichts beitrug, nicht los. *Was, wenn gerade mein Schweigen mich entlarvt? Was, wenn ich deswegen auffliege?* – „Warum sagt Ken nichts dazu? Fühlt er sich etwa persönlich angesprochen?", „Ist ja klar, dass er da nichts zu sagt. Der will ja nur verstecken, dass er selbst schwul ist." Das alles hätten sich meine Mitschüler denken können.

Und während sie wahrscheinlich nur darauf gewartet haben, dass die peinliche Stunde vorbei ging (Welcher Teenager unterhält sich schon gern mit Erwachsenen über Sex?), war ich vollkommen überfordert damit, die rettende Entscheidung zu treffen, sodass ich letztlich wieder einmal überhaupt nichts sagte. Typisch Overthinker.

Die Lehrer am Gymnasium – und damit auch mein Bio-Lehrer Herr Storchenbein – waren zum Glück aufgeklärter als No-Brain-Hummel aus der Realschule und gingen mit dem ganzen Thema deutlich sensibler um. Anstatt zu bewerten, hielten sie sich an die Fakten und empfahlen uns sogar Hilfsangebote, falls wir Fragen zu Themen hatten, die unsere Sexualität betrafen.

Während ich also in meinem Stuhl und meinen Gedanken immer tiefer sank, reagierte Herr Storchenbein auf Finns Postulate mit einer überraschenden Aussage und befreite mich damit vor dem dunklen Loch aus Ängsten und Zweifeln in meinem Kopf:

„Spannender Kommentar, Finn. Danke dafür. Weißt du, was tatsächlich unnatürlich ist? Deine ganzen Protein-Supplements, die du immer mit zur Schule bringst. Weißt du, was hingegen gar nicht unnatürlich ist? Homosexualität. Thema beendet." Die gesamte Klasse brach in Gelächter aus.

Ich setzte mich sofort auf und konnte Herr Storchenbeins Worte erst nicht glauben. Vielleicht hätte NBH bei ihm Geschichtsunterricht nehmen sollen, anstatt selbst welchen zu geben. Während der restlichen Stunde beschäftigten wir uns mit allem, was wir über Homosexualität wussten, aber ich war so von den unerwarteten Reaktionen der Klasse und des Lehrers überrascht, ich hörte gar nicht mehr wirklich zu.

Obwohl Herr Storchenbein in dieser Bio-Stunde wirklich ganze Arbeit geleistet hatte, ließ Finn es sich am nächsten Tag nicht nehmen, einen abfälligen Spruch über das Outfit eines Mitschülers zu bringen, der im Sportunterricht in einer recht kurzen Hose aufgetaucht war.

„Ey, Fabi, bist du jetzt zum anderen Ufer gewechselt, oder was?", fragte Finn und seine Freunde lachten. *Geez! Nur weil man eine Handbreit vom Oberschenkel sehen kann? Hat der noch nie einen Fußballspieler gesehen? Welcome to: The Nightmare of Realschule, Vol. 2.*

Auch wenn ich nicht zu den Hauptopfern der Angriffe gehörte, trug Finn als Anführer seiner Freundesgruppe fröhlich dazu bei, dass mein Schulalltag bloß nicht zu angenehm ausfiel und auch meine anderen Mitschüler eine gewisse Distanz zu mir aufbauten. Mit meiner insgesamt doch eher femininen Art, durch meine permanente Zurückhaltung und eher wenigen Freunde war ich für ihn ein einfaches Opfer. Sprüche wie „Wann wachsen dir endlich Eier?“ oder „Du sprichst wie ein kleines Mädchen“ waren neben dem ständigen Nachäffen nur die Spitze des Eisbergs. Ich konnte mir deswegen schon ausmalen, wie die Unterhaltung vermutlich verlaufen wäre, wenn ich ihm nach seinem Spruch im Sportunterricht Kontra gegeben hätte:

„Finn, jetzt hör auf! Das ist doch nur eine Hose?!“

„Wie süß. Du verteidigst ihn? Stehst du auf ihn, oder was?“

„Was? Nein, so hab' ich das gar nicht ...“

„Kenneth und Fabi sitzen auf 'nem Baum ...“

Tja, auf dem Niveau bewegte sich das damals.

Ich habe lange überlegt, wie ich mit Finns sprachlichen Angriffen umgehen sollte. Ignorieren? Zurückschießen? Oder mich einfach weinend in einer Ecke verkriechen? Zu meinem Bedauern muss ich gestehen, dass ich mich damals ebenso wenig getraut habe, für meinen Mitschüler einzustehen wie für mich selbst. Ich befürchtete viel zu sehr, dadurch noch mehr in Finns Fokus zu rücken. #PTSD.

Vielleicht hätte zwischen mir und Fabi sogar eine gute Freundschaft entstehen können, wenn ich mich durchgerungen hätte, Courage zu zeigen und mich für ihn einzusetzen. Meine Erfahrungen aus der Realschulzeit haben mich allerdings so sehr traumatisiert, dass mein Körper bei Mobbingattacken einfach einfror. Ich hatte Angst, wieder in den Mittelpunkt zu geraten. Ich hatte Angst, wieder alleine dazustehen. Rückgrat? Das fehlte mir in jeder Hinsicht.

Im Laufe der Zeit dürfte meine Zurückhaltung dafür gesorgt haben, dass das Mobbing für Finn immer langweiliger geworden war, weshalb es langsam weniger wurde. Immer dieselben Sprüche waren wohl selbst ihm irgendwann zu blöd. Nach etwa einem halben Jahr hatte ich tatsächlich einigermaßen Ruhe.

Endlich bekam ich nicht mehr jedes Mal Bauchschmerzen, wenn ich auch nur an die Schule dachte. Trotzdem rechnete ich nicht damit, mit Finn jemals ein richtiges Gespräch führen zu müssen.

Bis ich nicht mehr drum herum kam.

Es war eines Vormittags während meines elften Schuljahrs, vierte Stunde. Die Sonne schien durch das Fenster und kündigte den schönsten und wärmsten Wintertag des Jahres an. Wir bekamen eine Geschichtsklausur zurück, also warf ich einen kurzen Blick darauf. Alles war gut und im grünen Bereich, wie ich es erwartet hatte. *Wenigstens hat sich das Lernen gelohnt*. Aber es lief nicht für jeden so smooth.

Das Ganze ist so schlecht ausgefallen, dass wir die Klausur in der darauffolgenden Woche sogar wiederholen mussten. Der Lehrer zitierte vor der Pause zusätzlich einige Schüler zu sich, um über das schlechte Klausurergebnis zu sprechen. *Zum Glück geht mich das alles nichts an*. Meine Noten blieben seit Beginn der Oberstufe konstant auf einem guten Level und deswegen machte ich mir keinen zu großen Kopf. Andere dafür umso mehr.

„Hey." Als ich gerade dabei war, den Rest meiner Sachen in meinem Rucksack zu verstauen, hörte ich genau die Stimme hinter mir, die mir monatelang einen Schauer über den Rücken gejagt hatte.

Es war Finn. Überraschend ruhig stand er neben mir und sah mich an. Ich drehte mich kurz zu ihm um, wendete mich aber schnell wieder meinen Büchern zu. *Bloß nicht auffallen. Bloß nichts Falsches sagen. Wenn ich ihn ignoriere, geht er vielleicht einfach wieder. Nicht, dass das alles von vorn losgeht!* Mittlerweile hatten alle anderen das Klassenzimmer verlassen, doch er stand noch eine Zeit lang hinter mir. Ohne etwas zu sagen!

Womöglich übertreibe ich, aber ich hatte damals echt das Gefühl, ich könnte seinen Atem in meinem Nacken spüren. Ziemlich creepy. Mein Kiefer spannte sich an und ich überlegte fieberhaft, wie ich dieser Situation am besten entkommen konnte.

„Hi", murmelte ich irgendwann, unsicher wie ich mit der Situation umgehen sollte, und wollte an ihm vorbeigehen. Am liebsten wäre ich gesprintet. Da begann er wieder, mit mir zu reden.

„Also, ich weiß, das kommt jetzt komisch, aber ich könnte wirklich Hilfe in Geschichte gebrauchen. Du checkst das ja alles. Hast du mal Lust, zusammen zu lernen?"

Warte, hat er mich gerade echt um Hilfe gebeten? Ganz normal, ohne Schimpfwörter oder mich auf andere Art niederzumachen? Völlig verwirrt zögerte ich. Ich blickte auf meine Hände und suchte nach einem Grund, warum ich leider keine Zeit hatte und dringend wegmusste, aber mein Gehirn setzte in diesem Moment völlig aus. Shit, mir fiel einfach echt nichts Glaubwürdiges ein!

Da ich auf gar keinen Fall riskieren wollte, ihn durch eine offensichtliche Lüge zu verärgern, sah ich wieder zu Finn hoch und wich noch ein Stück zurück.

„Äh. Klar." Pause. Jetzt war er dran.

„Wann hast du Zeit?"

„Was ist mit heute nach der Schule?" *Wenn er mich killen will, dann lieber möglichst schnell!*

Er stimmte zu und wir verabredeten uns für den frühen Nachmittag. Wenn der Unterricht vorbei war, wollten wir uns vor dem Schuleingang treffen und dann gemeinsam zu ihm nach Hause gehen. Schließlich sollte keiner unserer Mitschüler etwas von der Nachhilfe mitbekommen, da waren wir uns einig.

„Cool", sagte er und ergänzte im Rausgehen ein leises „Danke".

Ich blieb noch etwas im Klassenzimmer sitzen. *Was zur Hölle ist gerade passiert?* Ich brauchte noch einige Minuten, um mich zu erholen.

Die nächsten zwei Stunden Musik vergingen so langsam, als hätten sie Wochen gedauert. *Er hätte jeden anderen um Nachhilfe bitten können.* Es konnte also unmöglich Lernen sein, oder? Ich musste immer wieder daran denken, wie ich bisher von ihm behandelt worden war, und malte mir die schlimmsten Szenarien aus: Finn, wie er mir eine Falle stellt. Finn, wie er mich zusammenschlägt. Finn, wie er mich bei lebendigem Leib begräbt und mit seinen Jungs auf meinem Grab tanzt. Okay, vielleicht leichter Overkill, aber ich bin halt ein kreativer Mensch.

Doch was dann wirklich passiert ist, hätte ich nie im Leben erwartet. Never ever.

Als die letzte Stunde vorüber war, holte ich mein Zeug aus dem Spind und verließ das Schulgebäude. Finn war nirgends zu sehen.

Soll ich einfach gehen? Frag mich nicht warum, doch ich brachte es nicht über mich. Ich setzte mich an den Rand der großen Treppe vor der Schule und starrte auf mein Handy. Einige Schüler gingen an mir vorbei, doch Finn ließ auf sich warten. *Ich warte noch fünf Minuten und keine Sekunde länger.*

Dann kam er. Die Sporttasche über der Schulter und das Handy in der Hand, lief Finn lässig die Treppe herab.

„Bist du ready?", fragte er. Ich nickte schüchtern. „Na dann los!", befahl er und lief voran.

Auf dem Heimweg war Finn eigentlich recht entspannt, versuchte sogar, ein Gespräch aufzubauen. Er war freundlich, fragte mich nach meinem Tag und wir redeten über Geschichte – ein bisschen zu viel für meinen Geschmack. Obwohl ich immer noch skeptisch war, war es dennoch schön zu sehen, dass Finn eigentlich voll in Ordnung war, wenn er sich nicht gerade wie ein absoluter Arsch benahm. *Vielleicht habe ich ihn falsch eingeschätzt.*

Auch bei ihm zu Hause war Finn sehr zuvorkommend, bot mir Wasser an, brachte Snacks an den Tisch und droppte den ein oder anderen lustigen Spruch, bevor wir mit dem Lernen begannen. Zweiter Weltkrieg, jedermanns Liebling. Zum Glück waren die meisten der Übungsaufgaben einigermaßen machbar und es war sogar irgendwie schön, Zeit mit jemandem aus der Schule zu verbringen, jetzt, wo ich nicht mehr Kaykay in meiner Parallelklasse hatte.

Nachdem wir die ersten Arbeitsblätter hinter uns gebracht hatten, meinte ich mir einzubilden, dass Finn mit jeder Aufgabe näher an mich heranrückte ... *Moment, was? Nein, Ken, als ob. Komm mal wieder auf den Boden. Don't be delusional! Es ist Finn, der Schwulenhasser!* Mein Herz beschloss allerdings, sich trotzdem schon mal warm zu laufen und schlug immer schneller. Ich weiß, Finn war vorher echt scheiße zu mir gewesen. Aber trotzdem: Er sah ziemlich gut aus und wir verstanden uns an dem Tag – warum auch immer – hervorragend.

Erst als sich unsere Schultern beinahe berührten, ging mir auf, dass all das nicht nur in meiner Fantasie stattfand. Trotzdem wollte ich es nicht glauben. *Bestimmt merkt er das nicht einmal und ich mache mir wieder viel zu viele Gedanken. Sicher hat er einfach nur gemerkt, dass ich doch nicht so strange bin, wie er vermutet hat ... Außerdem würde er ja kaum der ganzen Welt erzählen, wie abstoßend er Homosexuelle findet, wenn er selbst einer wäre. Oder ...?*

Dann riss Finn mich aus meinen Gedanken.

„Ich hab echt keine Lust mehr auf Geschichte. Lass uns 'ne Pause machen, ein paar Videos gucken und danach weitermachen, ok?"

Natürlich stimmte ich zu. Ich war einerseits froh, der merkwürdigen Situation entkommen zu sein, aber andererseits auch ein wenig enttäuscht. In meinem Kopf wiederholten sich ständig Bilder davon, wie nah Finns Gesicht an meinem war, wie sich unsere Schultern berührten und wie wenige Minuten mehr vielleicht zu einer völlig neuen Geschichte hätten führen können. Ich musste mir eingestehen: Ich mochte seine Nähe. *Bin ich weird?*, fragte ich mich. *Nur weil einer nah neben dir sitzt, ist das noch lange kein Grund, sich zu verknallen! Mann, Ken, wo bleibt dein Anstand?! Wenigstens kannst du dich mit den Videos ein bisschen ablenken, abkühlen und dann könnt ihr wieder normal weitermachen. Vielleicht hast du ja einfach einen neuen Freund gefunden.*

Im Nachhinein betrachtet ist es schon ein wenig lustig.

Auf der Couch schaltete Finn den Laptop ein und klickte auf ein paar belanglose YouTube-Videos. Mein Fokus lag allerdings weiterhin auf ihm. Ich wurde mit jeder Minute lockerer, wodurch unsere Gespräche zunehmend lebhafter und witziger wurden. Ich fand, dass wir ziemlich gut viben würden, und fragte mich, ob er mich morgen in der Schule wieder ignorieren oder ob der heutige Abend ein Neustart werden würde. In diesem Moment legte Finn aus heiterem Himmel seinen Arm um mich und schaute mir direkt in die Augen.

Du musst wissen, wenn ich etwas nicht kann, dann ist es Augenkontakt zu halten. Sein Gesicht war nur wenige Zentimeter von meinem entfernt. Mein Herz schlug wie wild, ich wurde rot und meine Augen zuckten wahrscheinlich panisch. Ich war schlichtweg überfordert mit der gesamten Situation. *Träume ich? Passiert das gerade wirklich?* Etwas klischeehaft, ich weiß, aber die Zeit schien stillzustehen. Bis zu diesem Zeitpunkt war ich noch nie einem Jungen so nahe gewesen.

Obwohl Finns Stimme normalerweise selbstbewusst den Raum durchschnitt, wurde sie plötzlich ganz leise und ich meinte, einen Hauch Unsicherheit wahrzunehmen, als er mich fragte: „Darf ich dich küssen?"

Trotz der gefühlten Unendlichkeit dieses Zeitpunkts ging alles so extrem schnell, dass ich es gerade mal schaffte, zu nicken, bevor Finn seine Lippen auf meine legte. Die Welt schien aus den Angeln gehoben zu werden und mein Herz rannte vermutlich einen Marathon. Ich konnte kaum glauben, dass das tatsächlich geschah. Zwar hatte ich mir in der Vergangenheit schon mehrmals ausgemalt, wie es wohl wäre, wenn ich endlich meine vollumfassende Ken-Lovestory starten konnte, aber die Realität – Finn – sah sogar noch besser aus als in meiner schönsten Vorstellung.

Ich kann mich noch daran erinnern, wie ein riesiger Schwall von Emotionen durch mich hindurch geschossen ist – ein verwirrender Mix aus Aufregung, Erleichterung, Neugierde und Freude. Mein Kopf war auf einem anderen Planeten oder schwebte zumindest irgendwo mit größter Leichtigkeit durch die Lüfte. Das Gefühl der Wärme seines Körpers, der sich an meinen drückte, mich in der Umarmung zu verlieren und für einen kurzen Moment alles um mich herum auszuschalten – für mich war dieser eine, erste Kuss wirklich unbezahlbar.

Danach lächelte ich schüchtern und spürte, wie Finn ebenfalls anfing zu grinsen. Ehe ich noch länger darüber nachdenken konnte, machten wir auf der Couch rum. Dem Zweiten Weltkrieg haben wir uns an diesem Abend nicht mehr gewidmet. Wer hätte damit gerechnet: *vom Schulmobber zum secret Lover.*

Irgendwann unterbrach Finn unsere Zweisamkeit: „Also, meine Eltern kommen jetzt dann gleich heim ..."

Ich verstand den Hinweis. Bevor ich nach Hause ging, bedankte Finn sich für meine Hilfe – wenn man es denn so nennen konnte – und umarmte mich zum Abschied. Und jedem, der jetzt sagen will: „Ken, du lügst doch! Das hast du aus *Sex Education*!", dem kann ich nur versichern: Es ist unfassbar, aber glaub mir, es ist wirklich so passiert. Und das, bevor an das Drehbuch für die Serie überhaupt gedacht wurde.

Von diesem Tag an trafen wir uns immer öfter nach der Schule. Wir verbrachten viel Zeit miteinander und redeten über alles Mögliche, versuchten allerdings weiterhin, die Treffen vor unserem Umfeld geheim zu halten. Keiner von uns fühlte sich mit dem Gedanken an ein Outing wohl. Wir hatten beide Schiss vor der Reaktion unserer Familien und versprachen uns, dass wir ihnen nie davon erzählen würden. Es war allerdings echt nicht leicht, nicht direkt zu meinen Freunden zu rennen und ihnen jedes Detail zu beschreiben – vor allem, weil Finn und ich uns wirklich täglich von morgens bis abends schrieben und mein Kopf nicht nur im Unterricht ständig bei ihm war.

Schließlich endete jedes unserer „Dates" in einer großen Make-Out-Session. Bevor Finns Eltern abends von der Arbeit nach Hause kamen, verzogen wir uns an den Fühlinger See. Und ich sag euch eins: Es war fucking kalt. Aber das war mir egal. Obwohl wir immer darauf bedacht waren, nicht erwischt zu werden, liebte ich jede Sekunde unserer Dates. Irgendwie schenkten mir diese Momente mit Finn einen gewissen Adrenalinschub. Aber gutes Adrenalin.

Ironischerweise dachte ich: *So fühlt es sich also an, wenn man sich nicht mehr verstecken muss.* Denn auch, wenn unsere Beziehung bis zum Ende geheim blieb, konnte ich bei Finn nicht nur sein, wie ich war, sondern auch den Teil von mir ausleben, den ansonsten noch keine andere Person gesehen hatte und auf den ich mein ganzes bisheriges Leben lang schon neugierig gewesen war.

In der Schule war das leider weiterhin nicht der Fall. Obwohl Finn zu diesem Zeitpunkt keine abfälligen Bemerkungen über Homosexualität mehr machte und auch seine Freunde, allen voran Tobi, nicht mehr zu asozialen Kommentaren über Schwule im Allgemeinen oder mich im Speziellen ermutigte, hörten viele von ihnen nicht auf. Die waren immer noch auf ihrem Mobbing-Trip und ließen mit ihren Sprüchen einfach nicht locker. Finn schritt allerdings selten ein und tat oft so, als wäre nichts gewesen. Manchmal konterte er immerhin mit einem lustigen Spruch. Hätten sie genau hingeschaut, hätte es den anderen sicher auffallen können, dass zwischen uns etwas lief, aber mit unserer Vorgeschichte schien das wohl viel zu unwahrscheinlich, als dass nur einer von ihnen jemals darauf gekommen wäre.

Es ging also alles gut – zumindest so lange, bis es immer schwieriger wurde, einander zu sehen. Als sich das Schuljahr der Abitur-Phase zuneigte, damit mehr und mehr Schüler vor dem Lernen an den See flüchteten und außerdem Finns Mutter immer häufiger zu Hause war, wurde es für uns schwer, einen Ort zu finden, an dem wir ungestört sein konnten. So wurden unsere Treffen nach und nach seltener, bis sich im Laufe der Zeit der Kontakt verlor.

Ehrlich gesagt, weiß ich gar nicht mehr genau, wann das mit uns final geendet hat. Woran ich mich noch erinnere ist, dass wir in den letzten Schulwochen im Schulflur nur noch aneinander vorbeigelaufen sind, als würden wir uns nicht kennen und als wäre all das nie passiert. Während unserer Abschlussfahrt in die Provence haben wir, glaube ich, kein einziges Wort miteinander geredet.

Ich hatte insgeheim gehofft, in Frankreich mit Finn wieder Zeit zu verbringen, aber leider war dem nicht so. Kein Lächeln, kein Nicken, kein Small Talk, einfach nichts. Die Dinge können sich schnell ändern. Man ist so daran gewöhnt, dass alles gleich bleibt, und irgendwann packt es einen: Alles ist anders und man fragt sich, was zum Teufel eigentlich passiert ist.

Obwohl die „Beziehung", wenn man es im Nachhinein überhaupt so nennen möchte, mit Finn sehr schön und aufregend für mich war, frage ich mich immer wieder, wie ich all das emotional gepackt habe. Ich meine, Finn war einer der Gründe, warum meine Schulzeit so scheiße war – und plötzlich war er mein secret Boyfriend?

Das Ganze hat sich insgeheim schon komisch angefühlt, aber letztendlich waren die Erleichterung, dass ich mit ihm die ersten Erfahrungen machen konnte, und die Freude darüber, mein Geheimnis mit jemandem teilen zu können, größer. Gepaart mit dem Verständnis dafür, warum er sich so verhielt, wie er es tat, und der Tatsache, dass ich ihn wirklich gemocht habe, hatte ich ihm zu dieser Zeit alles vergeben, was er mir zuvor angetan hatte.

Finn hatte mir seine verletzliche Seite gezeigt, mir vertraut und mich – wenn auch nur im Geheimen – angenommen, wie ich war. Ich weiß, Red Flag und so. Natürlich macht seine Verhaltensänderung die Taten seiner Vergangenheit nicht besser oder in irgendeiner Form legitim, aber heute habe ich damit meinen Frieden geschlossen.

TAKEAWAY

Wenn mir diese Geschichte eins gezeigt hat, dann, dass du dich von Vorurteilen und Mobbing nicht einschüchtern lassen brauchst. Oft hat das Verhalten der mobbenden Person nämlich gar nichts mit dir selbst, sondern eher mit deinem Gegenüber und seinen Unsicherheiten zu tun. Natürlich soll das nicht heißen, dass so ein Verhalten in irgendeiner Form gerechtfertigt ist – im Gegenteil. Dennoch ist es gut, dir immer vor Augen zu halten, dass du nicht das Problem bist. Du bist gut so, wie du bist. Kein fieser Kommentar und kein gestelltes Bein werden daran etwas ändern können.

03

KAPITEL

THE CLIMB

Ich steckte mehrere Wochen lang so tief in der Abi-Vorbereitung, dass ich gar nicht merkte, wie schnell die Prüfungen vorbei waren. Was ich mit meinem Abschluss anfangen sollte? I've had no freaking clue. Eine Sache war allerdings sicher: Ich wollte nicht direkt von der einen Schule an die nächste wechseln. *Wann sonst hat man die Zeit, ein Gap Year zu machen und sich auszuprobieren?*

Kennst du diese Angst davor, sich auf einen neuen Weg im Leben festlegen zu müssen? Sobald man sich dem Ende der Schullaufbahn nähert, fragt man sich: Und jetzt? Wie geht meine Reise weiter? Was mache ich danach? Abi, Ausbildung, Teilzeitjobs oder doch erst mal ein Jahr chillen und nichts tun? Die Unsicherheit, sich ohne viel Lebenserfahrung auf eine Ausbildung oder ein Studium festlegen zu müssen, und die Sorge, das Falsche zu wählen, waren groß. Die Gedanken kreisten ständig in meinem Kopf. Das Problem: Keinen Entschluss zu treffen war auch keine Lösung. Das sahen meine Eltern ebenfalls so.

„Aber nur unter der Bedingung, dass du nicht nur den ganzen Tag zu Hause gammelst, sondern irgendetwas mit deiner Zeit anstellst", meinten sie, als ich sie fragte, ob sie mich bei einem Gap Year unterstützen würden. Zum Glück standen meine Eltern bei meinen Vorhaben immer hinter mir, solange sie das Gefühl hatten, dass ich etwas für mich, für meine Karriere tat. Sie verstanden, dass ich noch etwas Zeit brauchte, um mich zu orientieren. Da ich während meiner Abi-Zeit bereits bei New Yorker als Aushilfe gearbeitet hatte und mich sowieso sehr für Mode interessierte, begann ich deshalb zunächst einen Verkaufsjob bei Bershka.

Ich ahne, was du jetzt denkst: Fast Fashion? Ernsthaft, Ken? Ich wusste es damals leider nicht besser, aber die erste Arbeitserfahrung hat mir trotzdem gutgetan. Obwohl ich noch bei meinen Eltern wohnte, verdiente ich immerhin mein eigenes Geld und konnte mir damit den ein oder anderen Wunsch erfüllen. Klar, perfekt ist was anderes, aber für mich ein guter Anfang, um mich von den starren Schulstrukturen zu lösen und langsam herauszufinden, wer ich sein wollte.

Der erste Pinselstrich

Bereits während des letzten Schuljahrs hatte ich begonnen, mich neben Mode verstärkt für die Welt des Make-ups zu interessieren. Hunderte Videos vermittelten mir, dass Kosmetika eine schüchterne, zurückhaltende Person in eine strahlende, selbstbewusste Persönlichkeit verwandeln konnten. Ich verbrachte unzählige Stunden auf YouTube und Instagram. Tutorials zu den extravagantesten Glam-Looks, Make-up-Hacks und massenweise Produktreviews. You name it. Ich fand damals schnell meinen favorite Influencer. Vielleicht sagt dir Bretman Rock etwas? Er ist eines meiner Vorbilder, wenn es um Make-up und Persönlichkeitsentwicklung geht.

Wie du dir denken kannst, war es nicht leicht, meine Make-up-Träume in die Tat umzusetzen. Ich komme ja aus einer eher konservativen Gegend. Wenn ein 19-jähriger Junge in Chorweiler plötzlich anfängt, geschminkt herumzulaufen, kann er sich eigentlich gleich einen Pinsel nehmen und das Wort „Gay" auf die Brust malen. (Mal *Der scharlachrote Buchstabe* gesehen?) Zu groß war außerdem die Angst, von meinen Klassenkameraden an der Kasse „erwischt" zu werden. Mit meinen ersten Versuchen wartete ich deswegen bis nach dem Abitur.

Natürlich konnte ich trotzdem nicht offen damit umgehen. Meinen Eltern zuzurufen: „Gehe ins Einkaufszentrum, Make-up kaufen. Bin zum Abendessen zurück. Liebe euch. Ciao!", und loszuziehen, war definitiv nicht drin. Aber obwohl ich diesen Schritt ebenfalls nur in aller Heimlichkeit wagte, war es so weit. Ich machte den ersten Step meiner (aktiven) Make-up-Reise.

In der Drogerie war wenig los und so konnte ich mir ungestört die Zeit nehmen, alles akribisch abzusuchen. Ich stöberte für eine Weile durch die Regale und suchte nach dem Produkt, das ich im Internet gesehen hatte. Egal welche YouTube-Videos ich mir zu dem Zeitpunkt angeschaut hatte, jeder hielt genau dieses in die Kamera. Ich musste es einfach haben! Auch wenn man natürlich nicht alles kaufen muss, nur weil es jemand in die Kamera hält (selbst wenn ich das bin), erfüllte mich für einen kurzen Moment ein richtiges Glücksgefühl, als ich endlich den gesuchten Artikel im Regal fand. *Mein erster eigener Concealer! Ob sich heterosexuelle Männer so fühlen, wenn sie zum ersten Mal Brüste sehen?* #jk

Nachdem ich alles gefunden hatte, was ich mir für den Anfang zulegen wollte, machte ich mich auf den Weg zur Kasse.

Wie du starten kannst, wenn du dich gerade auf deine eigene Make-up-Reise begibst, erfährst du übrigens, wenn du den QR-Code scannst.

Sobald ich meine Ausbeute auf das Fließband legte, drehte sich eine etwas ältere Dame vor mir um und sah mich schmunzelnd an. Obwohl sie nichts sagte, stand ihr förmlich ins Gesicht geschrieben: Was will der Junge denn mit dem ganzen Kosmetik-Kram? Dennoch versuchte ich, ihre Blicke zu ignorieren und nahm mir vor, wieder so unauffällig aus dem Laden zu verschwinden, wie ich gekommen war.

Da hatte ich jedoch die Rechnung ohne die Kassiererin (oder mein paranoides Hirn) gemacht. Während sie zuerst die Sammlung an Augenbrauenstiften, Lidschatten-Paletten und Rouge betrachtete und danach langsam zu mir aufsah, konnte ich genau erkennen, dass sie eins und eins zusammenzählte – dachte ich zumindest damals.

Obwohl sie mich nur mittelmäßig freundlich begrüßt und weiter nichts gesagt hatte, schämte ich mich so sehr, dass ich vermutlich anlief wie eine Tomate. Sogar Kondome zu kaufen wäre mir in diesem Moment weniger unangenehm gewesen.

„Für meine Freundin", presste ich heraus, als die Kassenfrau Blickkontakt aufnahm.

Sie nickte bloß, murmelte: „Schön, schön", und zog die Make-up-Produkte weiterhin unbeeindruckt über den Scanner. Ob sie mir das abgekauft hat? Ich schwor mir, dass ich mir für das nächste Mal einen besseren Vorwand ausdenken würde. Wenngleich mich niemand darauf ansprach, malte ich mir mit wachsender Panik aus, welche Blicke die Leute hinter meinem Rücken tauschen würden, wo ich doch gerade einen halben Einkaufskorb voller Schminke für meine „Freundin" gekauft hatte.

Ich glaube, so schnell bin ich noch nie aus einem Laden verschwunden.

Draußen überfiel mich pure Verzweiflung, gefolgt von Frustration. Ich wollte öffentlich zu meinen Interessen stehen können, doch ich konnte nicht. Meine Scham war zu groß. Und wer trug die Schuld daran? – Eindeutig die Gesellschaft, davon war ich überzeugt. *Warum werden Männer immer noch dafür verurteilt, wenn sie gerne Make-up tragen? Wieso wird gleich davon ausgegangen, dass sie schwul sind? Es gibt so viele heterosexuelle Make-up-Artists auf diesem Planeten! Und selbst wenn ... Weshalb habe ich das Gefühl mich deswegen rechtfertigen zu müssen? Das sollte heutzutage doch kein Problem mehr sein.*

In diesem Augenblick hasste ich jede Person auf dieser Erde. Ich verstehe bis heute nicht, warum Menschen permanent den Drang haben, sich in das Business von anderen einzumischen.

TAKEAWAY

Es ist btw nicht verwerflich, wenn du zunächst nur für dich austestest, wer du bist und was dich ausmacht, bevor du es an die Öffentlichkeit trägst,

wenn du dich dann sicherer fühlst. Das gilt insbesondere dann, wenn du etwas ausprobieren möchtest, was nicht direkt den Konventionen deines Umfelds entspricht. Wenn du dich zum Beispiel auch als Mann etwas femininer anziehen möchtest oder – wie ich – Concealer benutzen willst, weil du oft Augenringe des Todes hast. Nimm dir ruhig die Zeit, dein wahres Ich zu entdecken.

Mein geheimes Doppelleben

Begleitet von der ein oder anderen Sinnkrise musste ich nicht nur herausfinden, auf welche Außenwirkung ich aus war, sondern wollte auch meine Sexualität besser kennen lernen. „Schwul" beschreibt nicht meinen ganzen Charakter, far from it. Trotzdem sind unsere Vorlieben ein Teil von uns – und durch die Erfahrung mit Finn in der Oberstufe hatte ich definitiv Blut geleckt. Wenn du erst einmal weißt, wie es sich anfühlt, von deinem Crush in den Arm genommen zu werden, möchtest du das nicht mehr missen.

Deswegen habe ich nach dem Abitur begonnen, über DBNA (eine Dating-App speziell für queere männliche Jugendliche) junge Männer kennenzulernen, die wie ich ihre Sexualität erkunden wollten. Die App verfügt über Schutzmechanismen, durch die vermieden werden soll, dass dir plötzlich ein ganz anderer begegnet. Wir kennen wohl alle die Horrorvorstellung, dass du statt dem süßen 19-jährigen Leon plötzlich Günther, Ende 40, gegenüberstehst. Absolut sicher kann man sich selbstverständlich trotzdem nie sein.

Ich traf mich recht regelmäßig mit einem der Jungs von der App in der Stadt auf einen Kaffee oder um Essen zu gehen. Meistens sind wir danach bei ihm zu Hause gelandet; zu mir konnten wir ja schlecht gehen. Mit einem habe ich mich sogar hin und wieder nachts in seinem Auto getroffen, nachdem ich mich aus der Wohnung meiner Eltern geschlichen hatte. Ich glaube, ich habe es nie wieder geschafft, eine Tür so leise zu schließen.

Bei unserem ersten Treffen kannte ich zwar seinen Namen, ansonsten hatten wir uns aber noch nicht besonders intensiv kennengelernt. Es war, wie man sich so ein erstes Date vorstellt: Alles ist ganz neu, man weiß noch nicht, was auf einen zukommt, ob der Abend nicht der totale Horror oder man sich unfassbar langweilen wird, bevor man sich frühestmöglich wieder auf den Heimweg begibt. Oder es wird eben richtig schön und man hat die beste Zeit seines Lebens.

Ich weiß noch genau, wie aufgeregt ich war, während ich mich zu Hause fertig machte. Die Spannung vor dem ersten Aufeinandertreffen, die Hoffnung, dass der Typ wirklich so aussah wie auf seinem Datingprofil, und die Zuversicht, dass ich nicht direkt in die Arme eines Axtmörders laufen würde, das alles hatte seinen eigenen Reiz.

Dennoch hätte ich gerne einmal etwas anderes unternommen, als im Auto zu sitzen, Essen beim lokalen Drive-in zu holen und dann bei lauter Musik die nächsten Erfahrungen als gay Guy zu machen. All das, während ich meinen Eltern erzählte, dass ich mich mit Freunden verabredet hätte. Zu dieser Zeit machte ich mir wenig Gedanken darüber, wie gefährlich es eigentlich war, mit fremden Personen einfach so nach Hause zu gehen oder bei ihnen ins Auto zu steigen, um an den See zu fahren und dort rumzumachen. Vor allem, weil ja niemand wusste, wo ich war. Doch man sagt ja: Das Glück ist mit den Ahnungslosen. Oder so ähnlich.

TAKEAWAY

Im Nachhinein betrachtet war ich ziemlich unvorsichtig. Ich meine, wer weiß, wer auf der anderen Seite einer Dating-App wirklich steckt und was derjenige tatsächlich vorhat? Das gilt übrigens auch für Dates im Allgemeinen. Daher bitte: Achte mehr auf deine Sicherheit, als ich es getan habe. Hinterlasse eine Nachricht, wo du bist, und weihe vielleicht sogar jemanden ein. Wenn du wirklich willst, dass es geheim bleibt, dann schick einem vertrauenswürdigen Freund zumindest deinen Live-Standort mit der Bitte, keine Fragen zu stellen.

Jeden, der auf der anderen, der Eltern- oder Erzieher-Seite, steht, möchte ich um Folgendes bitten: Biete deinem Kind ein Umfeld, in dem es seine Sexualität sicher erkunden kann, auch wenn dir der Gedanke widerstrebt. Wenn es sich zu Hause safe fühlt, sieht es sich nicht gezwungen, sein Glück anderswo zu versuchen. Denn ausprobieren wird es sich so oder so.

Rückblickend bin ich tatsächlich erstaunt darüber, dass meine Eltern damals von diesen nächtlichen Erkundungstouren (soweit ich weiß) nichts mitbekommen haben. Aber ganz ehrlich: Es war scheiße, seinen neuen Freund vor seinen Eltern geheim halten zu müssen. Es war scheiße, sich nicht mit Freunden gemeinsam auf Doppeldates verabreden zu können. Und es war auch scheiße, ständig Angst haben zu müssen, erwischt zu werden.

Versteh mich nicht falsch: Ich hätte nicht auf meine Art der Dates verzichten wollen, doch obwohl ich während meiner Erkundungstouren bei Mondschein durchaus herausfand, was ich mochte und was nicht, hatte mein geheimes Doppelleben seinen Preis. Während andere mit ihren Partnern romantisch essen gingen, später händchenhaltend auf dem Jahrmarkt wortwörtlich Höhenflüge erlebten und sich wiederum danach auf einer Party gemeinsam die Seele aus dem Leib tanzten, musste ich auf all dies verzichten, um den Schein zu wahren. Die Sorge, entdeckt zu werden, blieb mein konstanter Begleiter.

Das Versteckspiel wurde für mich immer schwerer zu ertragen, je älter ich wurde. Mir schien es manchmal, als würde ich auf einem Drahtseil zwischen zwei Hochhäusern balancieren, ohne zu wissen, in welche Richtung ich gehen sollte. Auf der einen Seite war ich der „perfekte" Sohn, der während seiner Schulzeit immer gute Noten heimgebracht hatte und auch nach wie vor keinen Ärger machte. Es gab so viele Erwartungen, die ich erfüllen sollte. Ich erinnere an die permanenten Nachfragen meiner Verwandtschaft. Auf der anderen Seite gab es dieses verborgene Leben, in dem ich zwar ich selbst war, das aber auch immer mit Heimlichtuerei und Stress einherging. Es war immer ein schmaler Grat.

Dennoch bereue ich nicht, dass ich den Mut hatte, das zu machen, was ich wollte – wenn auch vorerst undercover. Trotz der Blockade in meinem Kopf, die mir gesagt hat, dass ich dieses und jenes nicht in der Öffentlichkeit tun konnte, habe ich schon damals ständig meine Zukunft als geouteter Junge vor Augen gehabt. Ich war fest davon überzeugt, dass ich eines Tages offen zu meiner Sexualität stehen können würde und mich nicht für den Rest meines Lebens verstecken müsste. Dass dies nicht jedem so geht, wurde mir nach meinem Sprung ins Dating-Leben recht schnell klar.

Das Dilemma mit den verheirateten Männern

Ich erinnere mich noch daran, als wäre es gestern gewesen. Nach einem langen Arbeitstag bei Bershka mit den nervigsten Kunden überhaupt saß ich abends gemütlich auf meinem Bett. Ich nutzte meine Zeit, um mir eine Choreografie von GD und Taeyang zu *Good Boy* einzuprägen, da eine große K-Pop Dance Competition in Hamburg bevorstand.

Jap, falls du es noch nicht wusstest: Für eine lange Zeit tanzte ich mit zwei weiteren Freunden in einer K-Pop-Tanzgruppe namens NOVA. Vor allem nach dem Abitur hatte ich mehr Zeit, um mich auf meine Hobbys zu konzentrieren. Eines der Tanzmitglieder gehörte sogar zu meiner Sonnenaufgangs-Clique!

Während ich ein paar YouTube-Tutorials durchsah, leuchtete plötzlich das Nachrichtenbanner meiner Dating-App auf. Ein sportlich aussehender Mann, vermutlich Mitte 20, hatte mir geschrieben: „Hey Ken, ich hoffe, es geht dir gut. Ich bin Noah und bin eben auf dein Profil gestoßen. Finde dich unnormal cute. Vielleicht können wir uns mal treffen?“

Hmm ... Im Vergleich zu den vielen Nachrichten, die ich sonst schon erhalten hatte, war diese harmlos. Allein das weckte mein Interesse. Teilweise machten andere Männer direkt perverse Anspielungen oder schickten mir Nudes ohne einen Text. Eigentlich richtig traurig.

Von Noahs Nachricht hingegen fühlte ich mich geschmeichelt, weshalb ich erst mal sein Profil stalkte. Zugegeben, süß war er schon. Seine kräftigen Arme, die kleinen Tattoos in seinem Nacken und die lockigen, blonden Haare hatten sich direkt in mein Gedächtnis gebrannt. Die Haare waren auf den Fotos oft leicht zurückgekämmt und in seinen gold-braunen Augen konnte man sich bestimmt stundenlang verlieren.

Ich ließ die Nachricht erst mal unbeantwortet, schließlich wollte ich nicht nach der ersten Minute reagieren, als hätte ich es nötig, lol.

Nervös klopfte ich mit dem Finger auf mein Handy und grübelte, wie ich ihm antworten sollte. Dann ging ich auf sein verlinktes Instagram-Profil. Offensichtlich legte er großen Wert auf Fashion. Das sah ich nicht nur daran, dass er auf so gut wie jedem Bild Markenklamotten trug, sondern vor allem daran, wie geschickt er sie kombinierte. *Jackpot*, dachte ich, bevor ich bei einem zweiten Blick auf sein Dating-Profil die Angabe „Interessiert an: Frauen“ entdeckte. *Häää, bitte was!?* Wenn er an Männern und Frauen interessiert war, hätte er das doch in der Bio angeben können. #sus

Ich wurde misstrauisch, beschloss aber – natürlich nur der Neugierde wegen – Noah zu schreiben:

„Hey Noah, danke für deine Message. Ich sehe, du bist interessiert an Frauen?“

Nach nur wenigen Sekunden meldete er sich: „Ja, das habe ich vergessen umzustellen. Lass uns treffen, du bist genau mein Typ!“

Ich wusste nicht recht, wie ich mich verhalten sollte, und legte das Handy zur Seite. Den ganzen Tag über beschäftigte mich Noahs Frage. Er sah zwar echt hot auf den Pics aus, doch richtig wohl war mir dabei nicht. Irgendwas war strange.

Mein Handy vibrierte erneut. Eine weitere Nachricht von Noah. Komisch, ich hatte ihm ja noch gar nicht geantwortet.

Ich öffnete die Dating-App und konnte meinen Augen kaum trauen:

„Hier ist Noahs Frau, Vanessa. Ich wollte eigentlich Essen bestellen. Jetzt sitze ich heulend und fassungslos im Schlafzimmer. Noah hat vergessen, seine Apps zu schließen. Ich weiß nicht, was ich sagen soll. Bitte lass Noah in Ruhe. Wir haben gerade ein Baby bekommen!"

What the actual fuck? Ich war komplett entsetzt. Schockiert warf ich das Handy auf mein Bett. *Shit, nicht schon wieder einer dieser Gay Married Men – und ich wäre fast drauf reingefallen! Diese arme Frau!*

Aber auch Noah tat mir irgendwo leid, da er ganz offensichtlich dachte, eine andere Identität annehmen zu müssen, um sich ausleben zu können. Doch so etwas kann, will und werde ich niemals unterstützen! Ich blockierte seinen Account noch am selben Abend.

Wenige Wochen darauf, als ich erneut meine Nachrichten in der Dating-App checkte, sprang mir eine weitere Message ins Auge. „Hi Ken. Wie gehts? Auf dem Foto im Disneyland siehst du wirklich süß aus. Gibt es vielleicht eine Möglichkeit, etwas Heißeres zu sehen? Wenn du verstehst?", schrieb crushboy25 mit zwei zwinkernden Emojis.

Wie ein FBI-Agent machte ich in wenigen Sekunden seinen Vornamen und Wohnort ausfindig und fand ihn nach etwas Recherche ebenfalls auf Instagram. Mittlerweile war ich ein Meister darin. Gib mir nur eine Information und ich spüre jede Person auf diesem Planeten auf.

Das musste er sein! Zumindest sah er dem halb nackten Typen vom Profilbild der Dating-App sehr ähnlich. Sein Profil war öffentlich, also sah ich mir die Fotos genauer an.

Erstes Foto – Crushboy, dunkelbraunes Haar, Nerd-Brille und ohne Oberteil, allein mit seinem Hund. *Nice.*

Zweites Foto – Crushboy in einer Studentenwohnung mit seinen Roommates in Istanbul. *Ähnlicher kultureller Hintergrund? Umso besser!*

Drittes Foto – Crushboy im Anzug, sah fast wie eine türkische Hochzeit aus. *Männer in Anzügen und Hemden mit hochgekrempelten Ärmeln? Yes, da wird der Ken schwach.*

Viertes Foto – Crushboy in den Flitterwochen in Dubai mit seiner … *warte mal …* seiner Ehefrau? Von vor gerade einmal zwei Monaten? *NO WAY!*

Die beiden sahen schwer verliebt aus und schlürften einen Smoothie in der Sonne, während seine Frau ihm heiße Blicke zuwarf. *Das darf doch nicht wahr sein.* Als ich ihm wütend zu verstehen gab, dass ich nicht an vergebenen Männern interessiert war und ich es als unangebracht empfand, seine erst kürzlich geheiratete Frau so zu hintergehen, antwortete er nur: „Komm schon, nur ein bisschen Spaß. Sie muss es ja nicht wissen."

Woher ich all die Infos zu seiner Person hatte, interessierte ihn nicht mal ansatzweise.

I am telling you, I was flabbergasted. Ich war damals wirklich geschockt von solchen Nachrichten. Wenn ich weiß, dass jemand mit mir seine Partnerin betrügt, hört für mich der Spaß sofort auf. Obwohl ich mich inzwischen etwas damit abgefunden habe, solche Anfragen zu bekommen, und nun eben umso besser hinschaue, wen ich date, habe ich mich immer noch nicht daran gewöhnt. Werde ich auch nicht.

Das Problem ist allerdings vielschichtiger, als du jetzt vielleicht zunächst annimmst. Yes, Fremdgehen ist scheiße und lässt sich nicht entschuldigen. Die Ehefrauen leiden, Familien zerbrechen und am Ende haben alle Verletzungen davongetragen, die einen ein Leben lang begleiten werden.

Doch es gibt noch eine weitere Ebene. Schließlich sind längt nicht alle dieser Männer gewissenlose Grobiane. Es ist keineswegs immer so, dass sie ihre

Frauen gerne hintergehen, auch wenn sie es auf ihrer Suche nach dem Gefühl, so angenommen zu werden, wie sie wirklich sind, in Kauf nehmen. Sie sehnen sich nach einer aufrichtigen und gegenseitigen Liebe, die sie Frauen einfach nicht entgegenbringen können. Viele – ich denke sogar die allermeisten – unterliegen dabei einem enormen Leidensdruck, denn wie schlecht muss es jemandem gehen, der jeden Tag eine Lüge lebt?

Jeden Tag den gewissenhaften Familienvater zu spielen, um den Schein zu wahren, während man schon plant, wem man sich nachts hingeben kann, fordert enorm viel mentale Energie und setzt oft unfassbar viel Angst voraus. Angst vor den Konsequenzen, die die Wahrheit mit sich bringen würde. Das kann ich, wenn auch in kleinerem Maßstab, aus eigener Erfahrung sagen.

Aber woran liegt es, dass manche Männer sich lieber einem ausgeklügelten Doppelleben verschreiben, in der Hoffnung, dass sie niemals erfahren werden, was passiert, wenn sie erwischt werden?

Damit wären wir beim Thema Gesellschaft. Viele dieser Männer sind in einem Umfeld aufgewachsen, das Heteronormativität als einzigen Standard vorgibt. In dem nichts anderes Platz hat. Stell dir vor, du sollst bald deine langjährige Partnerin heiraten, weißt aber, dass du insgeheim Männer sexuell attraktiv findest. Wenn du nun, seit du denken kannst, immer wieder hörst, dass Schwulsein unnatürlich, sündhaft und problematisch ist (wenn es denn überhaupt thematisiert wird), entsteht ein unheimlicher gesellschaftlicher Zwang. Wie wahrscheinlich ist es, dass du dich ihm nicht beugst? Dass du dich outest, die Hochzeit absagst, deine Familie zum Gesprächsthema Nummer Eins machst?

Genau. Nicht so hoch, oder?

TAKEAWAY

Deshalb sehe ich keinen Sinn darin, all diejenigen, die sich zu solch einem Doppelleben gedrängt sehen, zu beschimpfen, zu beschuldigen. Es

muss in Deutschland noch einiges geschehen, wenn unser Ziel eine vielfältige und tolerante Gesellschaft ist, in der jeder seine True Roots leben kann. Wenn queere Themen den Mainstream erreichen, können wir es schaffen, dass alle Menschen ohne Angst oder Scham leben und zu sich selbst stehen können.

Sobald heterosexuelle Personen außerdem verstehen, was es bedeutet, als Queer (geoutet oder ungeoutet) zu leben, besteht Hoffnung auf mehr Akzeptanz. Der Schlüssel dazu ist vor allem, sich zu informieren und sich auszutauschen. Je mehr wir einander kennenlernen, desto besser können wir an einem Strang ziehen: Ob gay oder straight, it doesn't matter. Wir peilen oft erst, wie viel wir voneinander lernen können, wenn wir mal die Augen aufmachen und versuchen, das Leben durch die Brille von jemand anderem zu sehen. Ein bestimmtes Event steht dabei ganz besonders für Awareness, Akzeptanz und Solidarität.

Ein Meer aus Farben – mein erster CSD

Wenn der Sommer in Deutschland Einzug hält und die Städte sich in ein Kaleidoskop aus Farben verwandeln, dann ist es wieder so weit: Der Pride Month steht vor der Tür. Er ist nicht nur eine Zeit für extravagante Paraden – auch bekannt als *Christopher Street Day* (CSD), der in verschiedenen Städten an unterschiedlichen Tagen gefeiert wird – und schillernde Partys, sondern auch eine Zeit des Gedenkens und der Aufklärung.

Es begann alles mit einem Aufstand. Nein, nicht mit Fackeln und Mistgabeln, sondern mit einer Portion Mut und High Heels. Die Stonewall-Unruhen im Juni 1969 in New York waren der Funke, der die LGBTQIA+-Bewegung entflammte. Und wie bei jedem guten Feuerwerk folgten weitere bunte Explosionen – diesmal in Form von Demonstrationen und Aktivismus.

In Deutschland hat sich die LGBTQIA+-Szene seit den wilden 70ern kontinuierlich entwickelt. Von Hamburg bis München zeigen Menschen jedes Jahr aufs Neue, dass Liebe keine Grenzen kennt und Vielfalt gefeiert werden sollte.

Manch einem ist dieser Trubel zu viel oder scheint am Ziel vorbeizuschießen, aber warum ist er trotzdem so wichtig?

Nun, es geht um Sichtbarkeit. In einer Welt voller heteronormativer Werbespots und Liebesfilme ist es entscheidend, zu zeigen: Hey, wir sind queer, wir sind hier, gewöhnt euch dran! Ich selbst bin auch immer mit meinen Freunden bei Pride-Paraden am Start, wo wir unsere Unterschiede und unsere Liebe zueinander feiern und voller Stolz zeigen können, wer und wie wir sind. Vielleicht hast du mich schon mal in meinem Ariana-Grande-Outfit auf einem Wagen gesehen?

Meine erste Pride-Parade besuchte ich in Köln etwa ein Jahr nach meinem Abitur. Ich erinnere mich noch genau an das Kribbeln in meinem Bauch, als ich an jenem Morgen aufwachte. Meine Freunde und ich hatten schon Wochen im Voraus geplant, was wir tragen würden – funkelndes Make-up aus Glitzersteinen und selbst gemachte Schilder mit der Aufschrift „Free Hugs!“ oder „Who do you think designed your wedding dress?“.

Als wir uns der Innenstadt näherten, war die Luft wie elektrisch geladen. Wir reihten uns in den Zug ein, der sich langsam durch die Straßen schlängelte. Musik pulsierte durch meinen Körper wie ein zweiter Herzschlag. Die Beats schienen meine Füße zu bewegen und ich ließ mich von der Menge treiben. Überall um mich herum waren Menschen. Jung und alt, in allen Farben des Regenbogens gekleidet, lachend, tanzend, sich umarmend. Ich fühlte mich sofort willkommen in dieser Gemeinschaft, die so offen und frei von Urteilen war und entdeckte Banner mit Parolen wie „Love is a human right“ oder „If god hates us, why are we so cute?“. An jeder Ecke standen Zuschauer, die uns zuwinkten und sich uns manchmal sogar spontan anschlossen.

Plötzlich bemerkte ich einen Vater mit seiner kleinen Tochter. Sie thronte auf seinen Schultern wie eine kleine Königin, eine Regenbogenflagge schwenkend, als wäre es ihr Zepter. Mich wunderte ein wenig, dass auch „normale“ Familien an dem CSD teilnahmen, da sie das Thema augenscheinlich privat gar nicht berührte. Ich freute mich aber trotzdem. Come through, dear allies!

Ich grüßte sie, während ich neugierig näherkam. Der Vater drehte sich um und sein Lächeln strahlte genauso hell wie das seiner Tochter.

„Wir sind hier, um zu lernen und zu feiern!", sagte sie.

„Was genau lernt ihr denn?"

„Dass Liebe keine Grenzen kennt", äußerte der Vater selbstbewusst.

Die Einfachheit seiner Worte traf mich mitten ins Herz. Auf einmal beugte sich das Mädchen vor und flüsterte mir ins Ohr: „Papa sagt nämlich, alle Herzen schlagen im gleichen Takt."

Alle Herzen schlagen gleich – so simple Worte und doch so mächtig ... Moment, tränen etwa meine Augen? Ich konnte nicht verstehen, warum gerade dieser Satz solche Emotionen in mir weckte. Und das mitten am Tag. Vielleicht lag es daran, dass ich mich oft allein gefühlt hatte, von anderen durch unsichtbare Mauern aus Missverständnissen und Vorurteilen getrennt.

Aber diese Worte erinnerten mich daran, dass wir im Kern alle gleich sind. Dass wir alle die gleichen Knochen und das gleiche rote Blut im Körper haben. Dass wir alle dieselben Ängste und Hoffnungen teilen. Dass wir alle nach Liebe und Verbindung suchen. *Warum muss ich ausgerechnet jetzt an meine Eltern denken? Warum kommt mir mein kleiner Bruder in den Sinn? Wie hätte mein Leben ausgesehen, wenn meine Eltern mich als Kind auf solche Paraden oder andere weltoffene Veranstaltungen mitgenommen hätten?* Ich war einerseits glücklich, Zeuge solch purer Menschlichkeit zu sein. Andererseits spürte ich einen Hauch Neid und wünschte, meine Familie hätte das gleiche Mindset gehabt.

Der Vater legte seine Hand auf meine Schulter. Ich nickte stumm und wischte mir eine Träne ab. Die beiden hatten mir gezeigt, dass Mut manchmal bedeutet, für das einzustehen, was richtig ist – selbst wenn man nicht direkt betroffen ist. Wenn ein kleines Mädchen auf den Schultern ihres Vaters mich so inspirieren konnte – was könnten wir dann alle gemeinsam bewegen?

Natürlich hat eine solch provokante Veranstaltung nicht nur Fans. Als wir uns verabschiedeten, damit ich mit meinen Freunden zum nächsten Truck ziehen konnte, fiel mein Blick auf eine etwa 30-köpfige Gruppe von älteren Männern und Frauen am Rande des Geschehens – eine Gegen-Demo. Sie hielten Schilder, auf denen homophobe Botschaften prangten, und nutzten Lautsprecher, um ihre Abneigung kundzutun.

„Homosexualität ist eine Sünde! Ihr landet alle in der Hölle!", rief einer von ihnen immer wieder wie ein irrer Fanatiker.

Ich war geschockt. Ich konnte nicht verstehen, dass Liebe zwischen zwei Menschen des gleichen Geschlechts in manchen so eine starke negative Reaktion triggerte. *Haben die kein eigenes Leben, um das sie sich kümmern müssen?* Einige der Protestanten verteilten sogar kleine Zettel an Passanten. Ich griff nach einem, warf einen kurzen Blick darauf und riss ihn dann entsetzt in Stücke.

Ich spürte Wut in mir aufsteigen – Wut über so viel Ignoranz und Boshaftigkeit. Ich war versucht, ihm den „Then why are we so cute?"-Spruch entgegenzuschleudern, doch ich ließ es bleiben, lol. Bei solchen Leuten bringt das eh nichts. Ich wandte mich ab und kehrte zurück zur Parade.

Die Freude über die vielen schönen Erlebnisse mischte sich mit einem Gefühl der Enttäuschung über die Intoleranz einiger Weniger. Ich habe gespürt, wie wohl und frei ich mich in der Gemeinschaft der anderen gefühlt habe, doch die Vorstellung, mich vor meiner Familie zu outen, machte mir nach wie vor große Angst. Ich begann deswegen immer mehr darüber nachzudenken, ob mir ein Umzug, ein Neuanfang an einem anderen Ort nicht vielleicht dabei helfen könnte, meine Identität zu festigen, bevor ich sie den wichtigsten Menschen in meinem Leben offenbare.

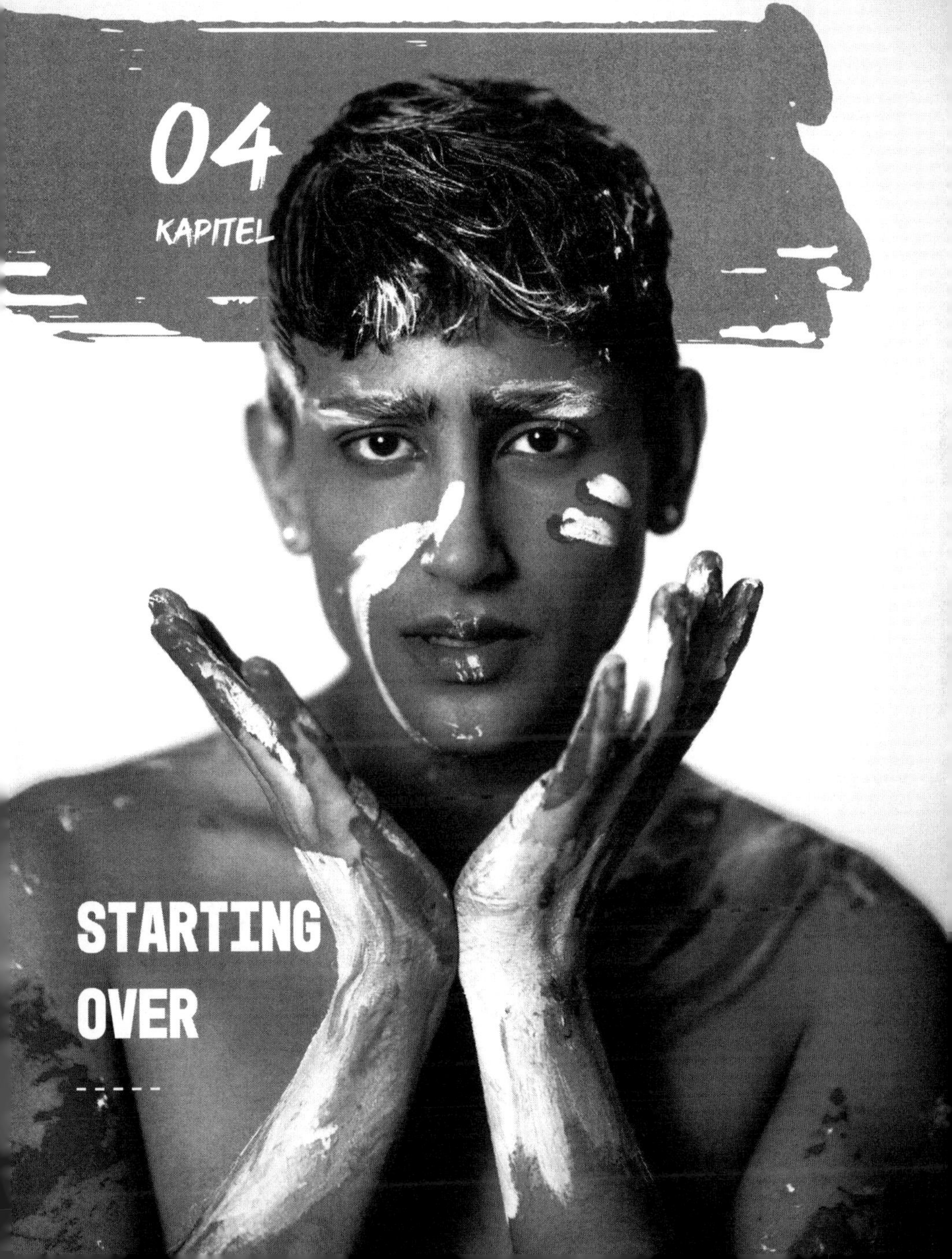

04

KAPITEL

STARTING OVER

Mein Gap Year war fast um und außer den Tücken des Einzelhandels, dem perfekten Falten eines Hemdes und der Meisterschaft im Vermeiden von Fragen wie „Wo finde ich denn Ihre Kundentoilette?“ hatte ich kaum etwas gelernt, was mich beruflich weiterbringen würde. Vielleicht wären die Überlegungen hinsichtlich eines Neuanfangs im Sande verlaufen, wenn ich nicht so unzufrieden mit meinem Job als Verkäufer gewesen wäre. Ich hatte die Schule zwar hinter mich gebracht, hing aber direkt im nächsten System fest.

Ich wusste, in mir schlummerte ein riesiges, verstecktes Potenzial. Das würde ich aber nicht ausschöpfen können, wenn ich mich für einen Standard-Werdegang in Deutschland entschied. Ich brauchte eine Alternative, denn ich verstand langsam, dass mir jetzt wirklich die ganze Welt offenstand. Das Pflichtprogramm war erledigt, nun konnte ich das tun, was ich wollte. Die Frage war bloß: Was wollte ich? *Mich interessiert doch so gut wie alles. Wie soll ich mich da jemals festlegen?*

Break Free

Meine damalige beste Freundin hat mich dann auf die Idee gebracht, ein FSJ (Freiwilliges Soziales Jahr) zu machen, bevor ich mich nach einem Ausbildungs- oder Studienplatz umsah. Das Großartige daran ist, dass du es auch im Ausland absolvieren kannst. Das heißt, dass du als Freiwilliger in ein anderes Land gehst und dort für Kost, Logis und ein kleines Taschengeld arbeitest. Eine (wie ich immer noch finde) gute Möglichkeit, um als junger Mensch etwas von der Welt zu sehen.

Es gab einige Wahloptionen in Bezug auf die verfügbaren Gastländer, aber für mich stand von Anfang an fest: Ich wollte nach Seoul, Südkorea. Erinnerst du dich an den K-Pop-Tanzwettbewerb, bei dem ich mit meiner Tanzgruppe antreten wollte? Wir hatten tatsächlich den ersten Platz gemacht, was mein Interesse an Südkorea noch mal um ein Vielfaches verstärkt hatte. Außerdem war ich süchtig nach K-Dramen, hatte gerade erst koreanisches Essen für mich entdeckt und war total fasziniert von der Lebensweise der Halbinsel-Bewohner. *Wenn mir Südkorea nicht gefällt, was sonst?*

Ich bewarb mich also um eine von zwei begehrten Stellen in der südkoreanischen Hauptstadt. Voraussetzung war, dass man die jeweilige Sprache für sein Einsatzland zumindest grundlegend beherrschte. Mein Wortschatz beschränkte sich allerdings auf die Songtexte von Psys *Gangam Style* und *I am the best* von 2NE1. Weil ich aber unbedingt nach Seoul wollte, fing ich kurzerhand an, mir die Sprache mithilfe von Lernbüchern selbst beizubringen. Mein Engagement hat den FSJ-Verein zum Glück genug beeindruckt, um mir letztendlich eine Zusage zu senden. Selten hat mich ein Brief so glücklich gemacht.

Danach besuchte ich innerhalb der wenigen verbliebenen Monate verschiedenste Seminare und Workshops in Berlin. Weil ich noch zuhause bei meinen Eltern in Köln lebte, musste ich für die Veranstaltungen oft pendeln. In den Kursen lernte ich einiges über das Land, die Kulturunterschiede, Verhaltensweisen und Risiken. Dabei war ich umgeben von einer Menge anderer enthusiastischer, junger Menschen, die ebenfalls nach Südkorea oder Japan reisen würden, um dort für längere Zeit als Freiwillige in den verschiedensten Institutionen eingesetzt zu werden. Uns verband, dass unsere Arbeit in engem Austausch mit der jeweiligen Bevölkerung stattfinden würde, weshalb die intensive Vorbereitung umso wichtiger war.

Glaub mir, ich war danach wirklich mehr als bereit, Deutschland zu verlassen und die Reise zu mir selbst anzutreten. Als es im September 2015 dann endlich so weit war, sprühte ich regelrecht vor Energie. Ich packte meinen Koffer – es ist gar nicht so leicht, sein ganzes Leben in einem einzigen Gepäckstück zu verstauen – und ehe ich mich's versah, war ich mit meinen Eltern auf dem Weg zum Flughafen.

„Na, freust du dich schon?", fragte meine Mama[4] mit zitternder, fast schon weh-

------

4 Btw: Für das Buch sind alle Dialoge auf Deutsch übersetzt. Meine Mama und ich sprechen aber immer Hindi miteinander.

mütiger Stimme, als wir uns um fünf Uhr morgens vor der Sicherheitskontrolle verabschiedeten. Obwohl ich eigentlich kein Morgenmensch bin, zeigte ich in diesem Moment keine Spur von Müdigkeit.

„Ja. Ich werde euch ganz viele Fotos und Videos schicken, versprochen", erwiderte ich. Die Bindung zwischen mir und meiner Mama ist unfassbar eng und dass ihr ältester Sohn ein ganzes Jahr in einem weit entfernten Land verbringen würde, war ihr allergrößter Albtraum. Während ich Reisepass und AirPods hervorkramte, verschwand sie deshalb für einen kurzen Moment auf die Toilette, um ihre Tränen wegzuwischen. Sie wollte nicht, dass ich mitbekam, wie sehr sie unter dem Abschied litt. Mein Papa und mein Bruder waren natürlich ebenfalls da. Ihnen gelang es zwar etwas besser, nach außen hin cool zu bleiben, um mich nicht noch trauriger zu machen, aber auch ihnen war der bevorstehende Abschiedsschmerz anzumerken.

Der Gedanke, meine Familie für ein Jahr nicht sehen zu können, brach mir fast das Herz. Gleichzeitig war ich total aufgeregt und konnte es vor Vorfreude kaum erwarten, mich in den Flieger zu setzen. Ich war zu diesem Zeitpunkt bereits mehrmals mit meiner Familie in den Urlaub geflogen, aber ganz allein nicht nur in eine fremde Stadt, sondern in ein weit entferntes Land zu ziehen, das war ein richtiges Abenteuer. Allerdings löste das Unbekannte in mir auch direkt wieder eine altbekannte Gedankenspirale aus: Was, wenn mich die Leute dort überhaupt nicht mögen würden und ich keinen Anschluss fand? Würden sie sich über meine große Nase lustig machen oder meine Hautfarbe? Würde ich dort wirklich ich selbst sein können?

Hör jetzt auf, Ken!, sagte ich mir. *Das ist deine Chance, um mit 19 noch einmal ganz von vorn anzufangen und endlich zu deinem echten Ich zu stehen. Neue Freunde, neue Orte, eine ganz neue Kultur und ein neuer Job. Sobald du in Südkorea bist, lässt du dich nicht mehr von anderen zurückhalten, sondern zeigst der Welt, wer du bist! Gap Year Part II, here I come!*

Klar, es war scary, aber ich wusste auch, dass es notwendig war, wenn ich langfristig glücklich werden wollte. Also ließ ich meine Eltern vor der Sicherheitskontrolle des Flughafens zurück, checkte ein, beeilte mich, um zügig zu meinem Gate zu kommen und saß schneller als erwartet im Flugzeug von Köln nach Seoul. *Jetzt geht es also wirklich los*, dachte ich, unfassbar glücklich darüber, dass ich so eine Chance wahrnehmen durfte.

Die Reise nach Seoul, insgesamt 15 Stunden, hat gefühlt eine ganze Ewigkeit gedauert, obwohl ich ehrlich gesagt die meiste Zeit des Flugs geschlafen habe. Als ich dann endlich in Südkorea ankam, war es bereits nachts – Hallo, Zeitverschiebung! – und die Sonne hatte sich hinter den Horizont verzogen. Das kam mir allerdings ganz gelegen, weil ich ohnehin völlig erledigt war.

Auf meinem Weg vom Flughafen zu meiner Unterkunft für das bevorstehende Jahr erwartete mich tatsächlich direkt meine erste Überraschung: Ich konnte einen Blick auf die wunderschöne Skyline Seouls werfen. Es war absolut magisch! Das war der Moment, in dem ich wusste: *Yes, Südkorea, Baby! Das ist meine Welt und das wird meine Zeit.*

Nach der ersten Nacht in meinem neuen Heim hatte ich noch einen Tag frei, um mich in der Stadt einzugewöhnen, bevor es für mich zur Arbeit ging. Deshalb nutzte ich ihn, um die Umgebung zu erkunden. Mit fast zehn Millionen Einwohnern ist Seoul im Vergleich zu Köln eine Megastadt. Überall sind Menschen, an jeder Ecke gibt es etwas Neues zu entdecken und die typischen Touri-Hotspots sind jederzeit bestens besucht. Das alles war für mich eine ordentliche Reizüberflutung, weshalb ich mich dagegen entschied, allein essen zu gehen, und beschloss, mir stattdessen aus dem Convenience Store etwas für zu Hause mitzunehmen.

Ich trat durch die sich automatisch öffnenden Glastüren und wurde von einer Welt empfangen, die anders war als alles, was ich kannte. Ich wurde von allen Seiten begrüßt, während ich mich erst mal überfordert umschaute. Die Luft war vom Summen der Kühlschränke und dem leisen Klang koreanischer Popmusik erfüllt. Die hellen Regale waren bis zum Rand gefüllt mit gut sortierten, bunten Verpackungen, auf denen Hangul-Schriftzeichen prangten – eine wunderschöne, künstlerische Schrift, die ich zu dem Zeitpunkt leider noch nicht so gut entziffern konnte.

Je weiter ich in den Laden vordrang, desto erstaunter war ich. Es gab nahezu alles, was das Herz begehrt: Softdrinks in exotischen Geschmacksrichtungen wie Honigmelone, Jeju-Orange und Kirschblüte, außerdem Reiswein, Kim-Bab (lass dich auf keinen Fall von einem Koreaner dabei erwischen, wie du dazu „koreanisches Sushi" sagst), jede Menge Instantnudeln, Choco Pies und auch Kochsets für Tteokbokki (Reiskuchen in würzig scharfer Soße).

Es gab sogar Süßigkeiten aus Deutschland! Die ließ ich allerdings, wo sie waren, schließlich wollte ich die landestypischen Snacks ausprobieren. Am hinteren Ende des Geschäfts erwartete mich eine riesige Ramen-Station. Ich hatte die Möglichkeit, aus bestimmt 100 Sorten eine auszuwählen und direkt dort zuzubereiten. Ich hätte sogar im Laden essen können, wenn es mir durch die hochgedrehte Klimaanlage nicht zu kalt gewesen wäre.

An der Kasse kam mir plötzlich die Erkenntnis: *Ich bin in Südkorea. Das bedeutet, hier wird Koreanisch gesprochen*. Da ich die Sprache noch nicht lange lernte, war ich ganz schön gestresst, als sich der Herr hinter dem Fließband mit anderen Kunden angeregt unterhielt. Ich legte meine ausgewählten Schätze auf das Band: Bananenmilch, ein Paket Shin Ramyun, eine Tüte Seetangsnacks und eine beruhigende Gesichtsmaske. Ich wollte mich ja am nächsten Tag von meiner besten Seite zeigen.

Der Kassierer begrüßte mich mit einem freundlichen 안녕하세요 (gesprochen: „Annyeonghaseyo!" = Hallo!), was ich schüchtern und etwas abgehackt erwiderte. Ich hatte zwar zuvor schon den ein oder anderen Satz gelernt, sodass ich immerhin die rudimentären Umgangsfloskeln kannte, aber dass ich bei der praktischen Anwendung so nervös werden würde, hätte ich nicht gedacht. Ich sag's dir, ich habe einfach gehofft, dass er mich nichts weiter fragen würde.

Glücklicherweise verlief der restliche Tag wie ein entspannter Urlaubstag: Ich genoss die Sonnenstrahlen in einem der malerischen Parks und als ich wieder zu Hause war, konnte ich mein Grinsen nicht zurückhalten. *Ich wohne jetzt tatsächlich in Südkorea!*, war alles, woran ich denken konnte. Wirklich viel geschlafen habe ich in dieser Nacht nicht. Der folgende Tag würde schließlich darüber entscheiden, welchen ersten Eindruck ich in Korea vermitteln würde.

Als ich mich am nächsten Morgen zum ersten Mal auf den Weg zur Arbeit machte, merkte ich, dass die Öffis dort überhaupt nicht mit denen meiner Heimat zu vergleichen waren. In Seoul befindet sich eines der am stärksten in Anspruch genommenen U-Bahn-Netzwerke weltweit. Auch hier waren Massen an Menschen, dennoch lief überraschenderweise alles ruhig und geordnet ab.

Funfact: Die Bahnstationen haben sogar Sicherheitsschranken, die sich nur öffnen, sobald die Bahn komplett eingefahren ist, um Unfälle zu vermeiden. Und wusstest du, dass die einzelnen Waggons teilweise eine unterschiedlich hohe Temperatur und Luftfeuchtigkeit haben, um möglichst vielen Passagieren entgegenzukommen? Ich bis dato auch nicht.

Inmitten von Anguk-dong, direkt neben dem traditionellen Viertel Insa-dong, befand sich meine Arbeitsstelle, das Seoul Noin Bogji Center. In dem Kulturzentrum können ältere Menschen und Senioren ihre freie Zeit verbringen, zu Mittag essen und an verschiedenen kulturellen Events teilnehmen. Hier sollte ich also für die nächsten zwölf Monate arbeiten.

Mir stellte sich zunächst meine Ansprechpartnerin Jiheon vor, die relativ gut Englisch sprach. Der Rest der fast 150 Mitarbeiter hatte zwar auch Englischunterricht in der Schule gehabt, fühlte sich in der Sprache jedoch nicht so sicher, weshalb sie sich lieber in ihrer Muttersprache unterhielten. Ab sofort in der Praxis Koreanisch zu lernen und zu sprechen, und das nicht nur auf Basis meiner Lieblingssongs zu üben, fühlte sich zwar noch ungewohnt an, aber meine Kollegen haben mich super herzlich empfangen.

Ich wurde zusammen mit Jenny, einer weiteren deutschen Freiwilligen, die zeitgleich mit mir angefangen hatte, sofort auf einen gemeinsamen Drink nach der Arbeit eingeladen. Selbstverständlich nahmen wir dankend an. Dass mir Jenny in diesem fremden Land zur Seite stehen konnte, war für mich ein echter Segen. Nicht nur war sie älter und souveräner als ich, sondern sprach im Gegensatz zu mir schon richtig gut Koreanisch.

Nach einer ganzen Menge Small Talk – wenn wir auf Kommunikationsschwierigkeiten stießen, griffen wir auf Jenny oder den Online-Übersetzer zurück – verlagerten sich die Gespräche auf eine immer persönlichere Ebene. Meine Kollegen kamen mir total freundlich und interessiert vor. Wir wurden zum Beispiel Ewigkeiten über das Leben in Deutschland ausgefragt. Wie sind die Menschen so? Warum ist das deutsche Bier besser als anderes? Was essen Deutsche gerne? Wie ist das Dating Life in Deutschland und wie ist das Arbeitsleben?

So wurden innerhalb kürzester Zeit enge Freundschaften geschlossen.

Einer meiner koreanischen Kollegen, Jaehyun, fragte irgendwann: „Und, Ken, was hast du in Seoul bis jetzt schon alles gemacht?"

Nach einer kurzen Pause antwortete ich: „Noch nicht viel, ehrlich gesagt. Ist alles noch ein bisschen overwhelming, aber ich bin super aufgeregt! Gibt's etwas, das ich nicht verpassen darf?" Der ganze Tisch lachte.

„Gut, dass du fragst! Ich kenne die perfekte Tour, wenn du Südkorea wirklich erleben willst. Deine persönliche Seoul-Reise, eigens für dich zusammengestellt, mit dem besten Touri-Guide in ganz Südkorea – mir!" Ich blickte erst skeptisch zu Jaehyun, dann in die Runde. Alle schienen auf meine Antwort zu warten.

„Wann geht's los?"

„Wann immer du bereit bist! Freitag nach der Arbeit?" Jaehyun grinste und ich gewann den Eindruck, er wäre am liebsten noch heute losgezogen.

„Deal!", bestätigte ich und freute mich darüber, schon Pläne für das Ende der Woche zu haben. Der erste gemeinsame Abend endete viel zu schnell, wie das

in guter Gesellschaft ja immer ist.

Durch meine Einweisungen in verschiedene Themen und Aufgaben vergingen die darauffolgenden Tage wie im Flug, weshalb mich Jaehyun am Freitag fünf Minuten vor Arbeitsschluss mit einem Blick auf die Uhr darauf hinwies, dass wir uns gleich draußen treffen würden. Ich war noch nie so punktgenau von einem Arbeitsplatz verschwunden, doch von Jaehyun weit und breit keine Spur mehr. *Habe ich ihn missverstanden?* Es wäre schließlich nicht ungewöhnlich gewesen, in der Nervosität irgendetwas in seine Aussagen hineininterpretiert zu haben. Und mein Koreanisch war zu der Zeit auch noch echt ausbaufähig.

Doch Fehlanzeige: Schon fünf Minuten später kam Jaehyun mit seiner Jacke unter dem Arm und gefolgt von einigen anderen Kollegen aus dem Office.

„Sorry, der Chef hat mich noch kurz zu sich zitiert. Bist du ready?“, fragte er und schwang sich in die Ärmel seiner Jacke.

„Immer! Wohin geht's?“

„Lass dich überraschen. Sagt dir der Begriff ‚Homo Hill‘ etwas?“

Ich schaute ihn erst verwirrt an, bevor ich schnell wieder wegsah. „Ne, noch nie davon gehört.“ *Haben die mich schon durchschaut? Wissen meine Kollegen bereits, dass ich schwul bin? Oder ist der Name reiner Zufall?* Ich ärgerte mich über meine eigenen Gedanken, denn ich hatte mir schließlich vorgenommen, in Südkorea kein Geheimnis aus meiner Sexualität zu machen. Dennoch rutschte ich immer noch viel zu leicht in die altbekannten Panikspiralen hinein.

Wie ich feststellen sollte, war der Homo Hill ein steiler Hügel in Itaewon. Und eins kann ich dir sagen: Dieser multikulturelle Stadtteil in Seoul hat das bunteste Nachtleben, das ich bis heute gesehen habe.

„Lass dich nicht von dem Namen täuschen. Hier feiern nicht nur Gays, hier feiern alle gemeinsam“, versuchte Jaehyun mir zu erklären.

„Oh, na ja, das passt sowieso. Ich bin schwul, weißt du", erwiderte ich leicht stockend, nachdem ich innerlich einen Kampf mit meinen Sorgen ausgefochten und beschlossen hatte, diesen Moment zu nutzen, um erstmals öffentlich zu mir selbst zu stehen. Egal wie beängstigend ich das in diesem Augenblick auch fand.

Ein kurzer Moment der Stille.

Weiteratmen, Ken, immer weiteratmen. Alles ist gut, nur keine Panik. Ich konnte trotzdem nicht verhindern, dass ich nervös zu meinen Kollegen schielte und auf ihre Reaktion wartete.

Dann lachte Jaehyun und klopfte mir auf die Schulter. „Na, dann habe ich ja richtig geraten."

Jackpot, dachte ich und traute mich nun, vorsichtig zu den anderen zu sehen. Alle waren weiterhin positiv gestimmt, meine Offenbarung hatte für sie anscheinend keine große Bedeutung.

Dieses Erlebnis zauberte mir ein riesiges Grinsen ins Gesicht, das ich ziemlich erfolglos zu unterdrücken versuchte. Sie ermutigte mich, meinem Vorsatz weiter nachzukommen und mich nicht mehr einschüchtern zu lassen. Bis jetzt war niemand schockiert davon, dass ich nur auf Männer stand. Und das Beste daran: Es schien auch niemanden zu stören, sondern war einfach ganz normal. Meine Sexualität war kein Thema mehr. *Endlich.*

Vorbei an den vielen verschiedenen Nachtclubs des Homo Hills schlendernd, kehrten wir schlussendlich in einer Bar ein. Jaehyun erzählte mir euphorisch von dem bekannten koreanischen Rapper G-Dragon, der diese Bar regelmäßig besuchte. Zwischen einer Vielzahl an ganz normal und unauffällig gekleideten Leuten, fand sich neben einigen Menschen mit erstaunlich wenig Stoff am Körper auch die ein oder andere Drag Queen.

Hier konnte jeder so aussehen und so sein, wie er eben war. Niemand wurde

gejudged oder bekam das Gefühl vermittelt, sich verstellen zu müssen. Zum ersten Mal in meinem Leben konnte ich feiern gehen, ohne so zu tun, als wäre ich jemand, der ich nicht war. Alle Parteien waren sich einig, dass der ganze Abend auf Respekt basieren sollte. Die Menschen sind so zuvorkommend miteinander umgegangen, dass ich mich direkt wohlfühlte.

Im Laufe des Abends trafen wir auf eine multikulturelle Studentengruppe, angeführt von Amir, einem Türken, der schon seit mehreren Jahren in Seoul lebte. Er erzählte mir von seinem Leben in seinem Heimatland. Er war auch schwul und hatte sich dort nie getraut, das öffentlich auszuleben. Seine Eltern, strenge Christen, hielten Homosexualität für eine Sünde und er glaubte, dass sie ihn nach einem Outing verstoßen würden.

„Du musst dir vorstellen, du hast die ganze Zeit das Gefühl, in einem Käfig eingesperrt zu sein. Deine Eltern bombardieren dich mit ihrer Erwartung, dass du mit 20 schon die Frau fürs Leben gefunden hast. Und dann gibt es auch noch so viele Normen, die dir sagen, was du als Mann anziehen kannst und was nicht. Wenn du da aus der Reihe tanzt, wirst du von deinem Umfeld geächtet." Hier in Südkorea dagegen konnte er seine Liebe ausleben und dazu stehen. Hier fühlte er sich zum ersten Mal wirklich frei.

Wem sagst du das, dachte ich. Amir erzählte mir, dass er es in seiner Jugend ganz gut geschafft hatte, seine Sexualität zu verheimlichen. Im Gegensatz zu meinen Erfahrungen ist niemandem aufgefallen, dass er anders war. Seine Erzählung wirkte auf mich gleichzeitig traurig und unfassbar bestärkend. Manchmal erzählen Leute einem ihre Lebensgeschichte und du kannst zu hundert Prozent relaten, auch wenn die Geschichte eine ganz andere als die eigene ist.

„Keine Sorge, die meisten jungen Leute hier sind super offen", versicherte er mir. „Du wirst sehen, ein paar Wochen und du hast dich eingelebt, so als wärst du schon immer hier gewesen. Aber dabei bist du halt wirklich du, und nicht die Version von dir, die du in Deutschland immer gespielt hast." Damit bestätigte er alles, worauf ich immer gehofft hatte.

TAKEAWAY

Die Reise nach Südkorea hat rückblickend viel in meinem Leben verändert. Der Ortswechsel war für mich die damals einzige Möglichkeit, um einen Neustart zu wagen und mich von den alten Gewohnheiten zu trennen, die mich in einer allumfassenden Angst festgehalten hatten.

Klar, ein Tapetenwechsel löst nicht all deine Probleme, das weiß ich. Aber er kann dir helfen, dein Leben und dich selbst aus einer anderen Perspektive zu betrachten und zu hinterfragen, wer du bist und was du wirklich willst. Du bekommst die Chance, dich neu zu definieren und genau das habe ich auch getan. Plötzlich war ich nicht mehr Ken, der Außenseiter, sondern ein Social Butterfly, eine willensstarke Persönlichkeit, die in Sekundenschnelle neue Bekanntschaften schloss und mit ihnen die Clubs Seouls unsicher machte.

Manchmal muss man die Dinge einfach durchziehen. Trau dich und steh zu der Person, die du werden willst oder geworden bist! Die meisten Menschen werden davon beeindruckt sein (und wenn nicht, dann sind sie deine Zeit vielleicht nicht wert).

Nicht nur beim Feiern unterschied sich meine Südkorea-Experience übrigens von dem, was ich aus Köln kannte. Irgendwie war alles so, wie ich es gewohnt war – westlich eben – und doch neu und aufregend. So beispielsweise auch die Themen Fashion und Beauty.

Kulturschock: Südkorea

Lange bevor ich mich als schwuler Mann akzeptieren und präsentieren konnte, war vermutlich vielen Leuten schon klar, dass ich nicht straight bin. Mein eher feminines Auftreten, meine Interessen, die sich von denen der anderen Jungs aus meiner Schule unterschieden, und nicht nur die Höhe meiner Stimme, sondern auch meine Art zu sprechen, haben mein Geheimnis wohl früh verraten.

Aber stopp! Natürlich sind nicht automatisch alle Gays dieser Welt Fem Boys – also Jungs, die sich femininer verhalten, als es das stereotypische Männerbild in Deutschland vorgibt. Homosexuelle Paare müssen auch nicht immer aus einer sehr femininen und einer deutlich maskulineren Person bestehen. Den meisten Menschen merkt man ihre Sexualität nämlich gar nicht an. Hättest du das von Wentworth Miller, dem Hauptdarsteller der Serie *Prison Break*, oder Neil Patrick Harris, dem Schauspieler von Frauenheld Barney Stinson in *How I met your mother*, erwartet? Sis, ich glaube nicht.

Es gibt aber auch Jungs, die femininer wirken und hetero sind. Ganz davon abgesehen hängt es sehr davon ab, in welcher Kultur man aufgewachsen ist, was man als „typisch männlich" oder „typisch weiblich" einordnet. Richtig klar geworden ist mir das erst durch die Männer in Südkorea, die natürlich auch den dortigen gesellschaftlichen Schönheitsnormen und -vorstellungen folgen.

In Sachen Fashion kann kaum ein Land mit Südkorea mithalten. Hier findet man echt alles und es ist auch voll normal, Sachen zu tragen, für die man in Deutschland auf der Straße komisch angeguckt werden würde. Bei dem, was ich auf dem Homo Hill alles gesehen habe, wären meinem homophoben Geschichtslehrer NBH sicherlich die Augen aus dem Kopf gefallen.

Hast du dich schon einmal gefragt, warum K-Pop-Idols eigentlich immer so trendy aussehen? Wenn du in Seoul shoppen gehst, wirst du ganz schnell merken, dass man hier eigentlich fast keine andere Wahl hat, als absolutely fabulous vor die Tür zu gehen.

Während ich bei meiner Ankunft noch in Gammel-Jogginghose und einem Hoodie aus dem Flugzeug gestiegen war, bot Südkorea die perfekte Gelegenheit, auch meinen Kleiderschrank upzugraden. Denn jetzt konnte ich alles in der Öffentlichkeit anziehen, was ich in Köln nur in meiner Wohnung getragen hatte, und mir gleichzeitig noch das ein- oder andere Statement-Piece zulegen.

Als Ausländer in Südkorea fiel ich sowieso auf, da änderte ein neuer Kleidungsstil auch nichts mehr. *You know what? Fuck it. Wenn ich cringe bin oder irgendetwas Peinliches mache, bin ich in spätestens einem Jahr wieder weg und die Leute werden sich an mich nur als „den komischen Deutschen" erinnern, wenn überhaupt. In ein paar Monaten werden mich wahrscheinlich schon alle vergessen haben, weil so viele neue, peinliche Storys von irgendwelchen Touris dazugekommen sind*, dachte ich mir.

Manche der Teile waren im Nachhinein betrachtet ein echter Fail, aber nur so habe ich zu meinem Stil gefunden. Indem ich mich getraut und mich ausprobiert habe. Color-Blocking – also Farben, die im Farbkreis einander gegenüberliegen, zu kombinieren – ist bei mir seitdem Tagesprogramm.

Wer schon einmal in Südkorea war, der weiß, dass auch Körperpflege hier einen ganz anderen Stellenwert einnimmt als bei uns. Korean Beauty ist aber mittlerweile auch in Europa angekommen und stellt in Sachen Skincare die größte Konkurrenz zu herkömmlichen Marken dar. Die Jugend wird schon von klein auf dazu erzogen, sich um ihr Äußeres zu kümmern. Schon früh werden Kinder deshalb dazu ermutigt, ihre Hautpflege zu optimieren und sich gesund zu ernähren, um später einmal schön auszusehen. In der Schule gibt es sogar spezielle Kurse zur Verbesserung des äußeren Erscheinungsbildes, was ich bis heute irgendwie verrückt und, wenn ich ehrlich sein darf, ein bisschen übertrieben finde.

Unterstützt werden diese Bemühungen auch im regulären Alltag. Während man in Deutschland zum Beispiel an jeder Ecke Reklame für fettiges, ungesundes Essen oder Baumarktzubehör sieht, bewerben die großen Tafeln auf den südkoreanischen Straßen hauptsächlich Beautyprodukte. Erinnerst du dich, als ich gesagt habe, dass Südkorea genau meine Welt ist? Das meinte ich damit!

Während ich in Deutschland schon herausstach, wenn ich es tatsächlich gewagt hatte, meine Augenbrauen ein wenig nach oben zu bürsten, ist das in Südkorea keiner Rede wert. Jeder Mann hier verwendet mindestens drei Produkte, um seine Haut und zu pflegen. Als höchste Kunst gilt es, mit möglichst wenig Make-up möglichst gut auszusehen – für alle Geschlechter gleichermaßen. Deshalb ist eine entsprechende Skincare-Routine auch für jeden so wichtig.

Zusätzlich unterscheiden sich die gewünschten Gesichtsproportionen in Südkorea deutlich von den deutschen Vorstellungen. Männer sollen porenfreie und helle Haut haben, sanfte Gesichtszüge und einen gesunden Teint. Die Augenbrauen – da haben wir es wieder – sollten perfekt geformt sein, um so dem Gesicht einen weicheren Look zu verleihen, und Körperbehaarung ist sowieso tabu. Hier versucht auch niemand, möglichst viel zu pumpen, um breit zu werden, es wird eher auf einen schlank-muskulösen Körperbau abgezielt.

Das bedeutet, wenn du durch die Straßen gehst, dann siehst du einen Haufen koreanischer Männermodels mit perfekter Glass Skin, die dir von den riesigen Bildschirmen entgegenlächeln. Da kann man schon einmal ins Träumen geraten. Aber auch so begegnen einem ständig unfassbar viele schöne Menschen, sodass man sich selbst manchmal wie ein Sack nasser Kartoffeln fühlt.

Klar, den hohen Druck, der auf die Menschen ausgeübt wird, möchte ich nicht unreflektiert befürworten. Sich ständig an extrem hohen Idealen zu orientieren, kann ausgesprochen schädlich für das eigene Selbstwertgefühl sein, weswegen man immer darauf achten sollte, eine gesunde Beziehung zu sich und seinem Körper zu pflegen. Dennoch eröffneten sich hier für mich komplett neue Möglichkeiten.

Der Vorteil dieser Schönheitsnormen war für mich, dass ich alle Beauty-Produkte auch als Mann problemlos ausprobieren konnte und das als total normal angesehen wurde. Männer in der Skincare- und Make-up-Abteilung der Drogerie vorzufinden, ist in Südkorea Alltag und niemand würde auf die Idee kommen, einen Korb voller Lippenpflegeprodukte und Concealer mit einer erfundenen Freundin zu rechtfertigen. Dementsprechend habe ich mich auch quer durch die dortigen Marken probiert, um die beste Pflege für meine Haut zu finden. Verstecken im Supermarkt? Hell no, das gab's nicht mehr.

Der Vollständigkeit halber sollte ich an dieser Stelle noch einmal betonen, dass der Beauty-Fokus in Südkorea nicht nur Vorteile hat. Neben Schminke und Pflegeprodukten sind auch Schönheitsoperationen hier gang und gäbe. Das Land gilt als eines der führenden für plastische Chirurgie und die Jugend wird von starken Schönheitsidealen beeinflusst. Das kommt daher, dass Schönheit dort nicht nur einen ästhetischen Wert innehat, sondern auch als sozialer Status wahrgenommen wird. Ein faszinierendes wie kontroverses Thema.

Trotz der weit verbreiteten Akzeptanz von Schönheitsoperationen gibt es auch Kritik an diesem Trend. Einige Menschen argumentieren, dass die Fixierung auf Äußerlichkeiten dazu führt, dass die Persönlichkeit vernachlässigt wird. Andere sehen diese Eingriffe als einen Ausdruck von Selbstliebe und Selbstfürsorge. Insgesamt ist das Thema in Südkorea ein komplexes und vielschichtiges Phänomen. Es zeigt deutlich, wie stark gesellschaftliche Normen und Ideale das Verhalten und die Entscheidungen der Menschen beeinflussen können.

Gerade junge Menschen streben danach, den westlichen Schönheitsstandards zu entsprechen. Große Augen, eine schmale Nase und Kinnlinie – auch als V-Line bezeichnet – gelten als besonders attraktiv. Überdurchschnittlich beliebt ist die Doppellid-Operation, bei der das sogenannte „Monolid" behoben wird. Dabei wird eine Falte in das obere Augenlid eingefügt, um die Form der Augen anzupassen und sie runder erscheinen zu lassen. Dieser Eingriff ist so weit verbreitet, dass einige Eltern ihn ihren Kindern zum Abschluss der Schule oder Universität als Geschenk machen.

Bitte versteh mich nicht falsch, ich werde niemanden für Schönheitsoperationen verurteilen. Wie du sicherlich weißt, habe ich meine Nase (wenn auch lange Zeit nach meinem Südkorea-Aufenthalt) ebenfalls operieren lassen. Zwar hatte die OP auch gesundheitliche Gründe, das ändert aber nichts an der Tatsache, dass sie nun anders aussieht als vorher. Aber obwohl ich lange mit meiner Höckernase unzufrieden war, hat sie mir bei den Koreanern den ein oder anderen bewundernden Kommentar eingebracht – gerade von Männern.

So auch einmal, als ich am Wochenende mit Freunden in Hannam shoppen war: „Hey, ich will nicht stören, aber ich wollte dir nur sagen, du hast voll die schöne Nase. Die ist richtig männlich!", sprach mich plötzlich ein Koreaner an.

Wait a minute. Ich war komplett überrascht. Ich hatte damals echt die größten Komplexe wegen meiner Nase (in alten Videos siehst du sie noch) und konnte gar nicht fassen, dass ich ein Kompliment für ausgerechnet das Gesichtsmerkmal bekommen hatte, das ich an mir am meisten hasste. Eine Freundin erklärte mir dann, dass ein hoher Nasenrücken und eine „westliche" Nase in Südkorea als besonders attraktiv gelten, weil viele Koreaner in der Regel eine eher flache Nase haben.

Schon krass, wie drastisch sich die Wahrnehmung meiner Nase änderte, nur weil ich mich in einem anderen Land befand. Dass Beauty-Ideale regional oder national variieren, war mir natürlich klar, aber ich hatte es bisher nie am eigenen Leib erlebt. Diese Erfahrung ließ mich über die kulturellen Unterschiede von Schönheitsnormen nachdenken und darüber, wie subjektiv und wandelbar solche Vorstellungen tatsächlich sind.

Mein nach deutschen Maßstäben eher feminines Verhalten wurde in Südkorea ebenfalls nicht als negativ wahrgenommen. Im Gegenteil: Als ich mich mit meiner Freundin Taeyeon zum Tee traf und wir uns über ihre Männergeschichten unterhielten, erzählte ich ihr, dass ich selbst von meinem Beinahe-Ex-Freund anfangs wegen meines femininen Auftretens gemobbt wurde.

„Nein, also hier ist das alles ganz anders. Ich glaube, du würdest eher komisch angeguckt werden, wenn du dich gehen lässt. Ich bin so froh, dass sich koreanische Männer um sich kümmern, so wie wir Frauen eben auch. Gleiches Recht für alle!", witzelte sie. „Außerdem finde ich, dass du mit deiner Persönlichkeit perfekt hierher passt. Ich glaube, dass dich alle super süß finden und sich freuen, dass du dich so für Beauty-Dinge interessierst. Das kommt schon gut an. Sogar bei den koreanischen Boys!"

Noch nie hatte ich mich über ein Feedback so sehr gefreut. Ich musste mich nicht nur nicht mehr verstecken, sondern wurde für mein Interesse an Make-up und Mode sogar geschätzt. Außerdem bestätigte mich ihre Erzählung in dem, was ich seit meiner Ankunft gefühlt hatte – dass ich dabei war, hier richtig gute Freunde zu finden. So schnell geht es also. Ein ernst gemeintes Kompliment, und man fühlt sich direkt willkommen und aufgenommen. Wer hätte gedacht, dass das so einfach ist?

TAKEAWAY

Glaub mir, wenn du einer Person ein gutes Gefühl geben willst, kann ein einfaches Kompliment Wunder wirken. Es gibt schließlich immer etwas, das einem an der anderen Person gefällt. Und wie du an dem Beispiel oben gesehen hast, musst du jemanden dafür nicht einmal kennen. Auch Fremden ein paar liebe Worte mit auf den Weg zu geben, kann sowohl ihnen als auch dir den Tag versüßen.

May all your delulu become trululu: Der erste Boyfriend

Die Zeit im Land des Kimchis fühlte sich anfangs an wie ein Fiebertraum. Ich wurde in ein echtes Korean Drama reingeworfen, ohne Anleitung oder Guide. Die ersten drei Monate waren definitiv die härtesten. Vor allem, weil viele auf meiner Arbeitsstelle darauf bestanden, dass ich Koreanisch lernte und sprach. Ohne meine sechs koreanischen WG-Mitbewohner (ja, du hast richtig gelesen, 6!) hätte ich das niemals in so einer kurzen Zeit geschafft. Aber hey, ich kann jetzt koreanische Serien (fast) ohne Untertitel gucken!

Allein in einem so weit entfernten Land zu leben, erschafft jedoch viel mehr Herausforderungen als nur die Kommunikation. Du brauchst eine neue SIM-Karte, eine internationale Krankenversicherung, ein lokales Bankkonto, eine Meldebescheinigung und vieles mehr. Der Lifestyle in Seoul unterscheidet sich zudem nicht nur in Bezug auf Beauty und Pflege massiv von dem in Deutschland.

Es wird in allen Lebensbereichen viel mehr konsumiert als hier. Es gibt viel mehr Möglichkeiten, draußen zu essen, zu feiern, Dinge zu unternehmen oder neue Freunde zu finden. Habt ihr schon mal von einem Café gehört, bei dem ihr euer Gesicht auf das Getränk drucken könnt? Oder von einem Penis-Museum? Oder von einem high-end PC-Café mit 24/7 Getränke-, Food- und Massageservice? Die Reizüberflutung kann für Europäer echt viel werden und FOMO[5] kickt in Südkorea definitiv anders.

Ich weiß, das klingt jetzt, als hätte ich all meine Zeit nur damit verbracht, die verrücktesten Orte in Seoul zu finden, allerdings habe ich nebenbei wie die Einheimischen 40 bis 50 Stunden die Woche gearbeitet. Das war auch voll in Ordnung, aber weil ich anfangs zusätzlich einige Schwierigkeiten mit der Verständigung hatte, ist eigentlich lange nichts Aufregendes passiert.

Na ja, bis auf das eine Mal, als ich meinen ersten richtigen Freund kennengelernt habe. *Waaaas?!*, denkst du dir jetzt. *Kens erster Boyfriend, und er hat sich direkt einen heißen Südkoreaner geangelt*?

Kija und ich waren Arbeitskollegen, hatten aber ansonsten nicht viel miteinander zu tun. Er beteiligte sich selten an unseren Mitarbeiter-Ausflügen und schien auch auf der Arbeit eher zurückhaltend zu sein. Lange Zeit war der Tag meiner Ankunft das einzige Mal, dass ich mit ihm gesprochen hatte, und knapp ein halbes Jahr haben wir einfach stumm nebeneinanderher gearbeitet. Klar, er war süß aber ganz ehrlich, am Anfang meiner Reise war ich so damit beschäftigt, alle Eindrücke zu verarbeiten sowie mir die Sprache und Gepflogenheiten anzueignen, dass ich mir über richtiges Dating noch keinen großen Kopf gemacht habe. *Erst mal Freunde finden, dann kommt der spicy Teil*, schwor ich mir.

Es war ein kalter, stürmischer Tag im Januar 2016 und ich lebte bereits seit fünf Monaten in Südkorea. Die Winde und Schneestürme in Seoul fühlten sich an wie kleine Nadeln, die auf meine Haut einstachen. Der Morgen begann wie

5 FOMO = Fear of Missing Out, also die Angst, etwas Wichtiges zu verpassen.

jeder andere Arbeitstag, bis ich merkte, dass mein iPhone – der Grund dafür ist übrigens bis heute ein Mysterium – über Nacht nicht geladen hatte. Der Akku war also leer, mein Wecker hatte nicht geklingelt und ein noch schlaftrunkener Ken versuchte kurz nach Sonnenaufgang, es irgendwie wieder anzubekommen. *Sechs Uhr morgens, das geht ja noch.* Ich steckte das Handy noch einmal an den Strom an und legte mich, da es sich nun doch dazu bequemt hatte, sich laden zu lassen, „nur noch kurz" zurück ins Bett.

Ruckartig schlug ich die Augen auf.

Fuck. Hab ich vorhin vergessen, einen Wecker zu stellen? Panisch warf ich einen Blick auf die Uhr und sah, dass es schon nach acht war. Das bedeutete, dass ich in weniger als einer Stunde bei meiner Arbeitsstelle aufschlagen musste.

Schnell zog ich mich an, versuchte mein Styling in der Eile noch irgendwie zu retten, packte meine Tasche und wäre beinahe zur Tür hinausgelaufen. Gerade noch rechtzeitig fiel mir auf, dass ich fast vergessen hätte, meinen Laptop einzupacken. Ich musste ihn im FSJ jeden Tag zur Arbeit mitbringen, da ich darauf meinen Deutsch- und Englischunterricht vorbereitete, den ich den Senioren im Kulturzentrum gab. Außerdem recherchierte ich immer neue spannende Ausflüge, die wir mit den Mitgliedern des Kulturzentrums unternehmen konnten, und bearbeitete danach die dabei entstandenen Fotos. Also ohne Laptop keine Arbeit. Ich stopfte ihn samt Ladekabel schnell in meinen Rucksack und sprintete nun wortwörtlich zur Tür hinaus.

Natürlich hatte es geschneit – und ich stolperte, rutschte aus und landete auf dem Boden, sodass meine Hose hinten nass wurde. *No way, das kann doch jetzt nicht wahr sein! Aber egal, das trocknet bestimmt, bis ich auf der Arbeit bin … hoffentlich.*

Völlig verschwitzt kam ich im Büro an. Aber: Ich war pünktlich und meine Hose zumindest von innen trocken.

„Na, Ken, verschlafen?" Ein Arbeitskollege zwinkerte mir zu, während ich mich völlig aus der Puste auf einen Bürostuhl fallen ließ.

„Kein Wecker", schnaufte ich, bevor ich mich an die Arbeit machte. Oder besser gesagt machen wollte, denn während ich versuchte, meinen Laptop einzuschalten, meldete mir dieser, dass der Akku leer war. Zwar hatte ich mein Ladekabel eingepackt, aber auch eingesteckt schien er nicht zu laden. Sämtliche technischen Geräte hatten sich an diesem Tag gegen mich verschworen.

Angespannt fragte ich meine Arbeitskollegen, ob der Strom bei ihnen funktionieren würde und ob jemand ein Ladekabel hatte, das ich mir ausborgen könnte. Nach x Versuchen an gefühlt jeder Steckdose des Büros musste ich mir allerdings eingestehen, dass der Akku meines Laptops hinüber war.

Ich seufzte laut. Nicht das noch. Obwohl ich schon beinahe zu spät gekommen war, verzögerte sich meine Arbeit jetzt noch weiter, was bedeutete, dass ich am Abend wahrscheinlich länger bleiben musste. Auf Anweisung meines Vorgesetzten recherchierte ich auf NAVER, quasi das Google Südkoreas, nach einem Apple-Shop, damit ich möglichst schnell wieder zur Arbeit zurückkehren konnte.

Und was soll ich sagen? Es gab in ganz Seoul keinen einzigen.

Das kann doch nicht wahr sein ... Was für ein Scheißtag! Langsam, aber sicher machte sich in mir echte Panik breit. *Muss ich mir jetzt wirklich einen neuen Laptop kaufen?* Immer noch übermüdet und gestresst von meinem morgendlichen Zwischenfall war ich so überfordert, dass ich zu weinen begann. Ich konnte einfach nicht mehr. *Es kann doch nicht sein, dass heute einfach alles schief geht! Wie soll ich denn den Laptop reparieren, wenn mir keiner helfen kann?*

Du musst wissen, wenn du damals in Südkorea nur wenig Koreanisch konntest, war es in kleineren Läden echt schwierig, sich mit den Menschen zu verständigen. Obwohl ich gute Fortschritte gemacht hatte, fühlte ich mich sprachlich lange noch nicht sicher genug, um bei einem Technik-Fachhändler anzurufen und den Austausch meines Akkus zu verhandeln.

In diesem Moment betrat Kija das Büro. Er arbeitete für 21 Monate als Sozialarbeiter im Seoul Noin Bogji Center, da er aus gesundheitlichen Gründen von dem in Südkorea verpflichtenden Militärdienst befreit worden war. Er stellte seine Sachen ab, öffnete seinen Laptop und war gerade im Begriff, sich in seinen Bürostuhl zu setzen, als er mich sah.

„Hi, Ken. Alles in Ordnung?"

Ich möchte gar nicht wissen, wie ich damals ausgesehen haben muss, wenn man mir vom anderen Ende des Raumes aus ansehen konnte, dass definitiv *nicht* alles okay, sondern ich vermutlich gerade dabei war, jede meiner Lebensentscheidungen zu hinterfragen.

„Ja, mega." Meine Stimme war belegt. „Mein Laptop ist kaputt und es gibt in ganz Seoul keinen einzigen Laden, der das fixen könnte."

Kija stand auf und kam zu mir. „Was hat er denn?"

„Akku oder so. Keine Ahnung." Mittlerweile hatte ich mich zwar wieder etwas beruhigt, war aber immer noch so ratlos wie vorher.

„Lass mal sehen." Kija begann, einige Tasten und Knöpfe auf meinem Laptop zu drücken. Viele Koreaner sind sehr technikaffin und ich hoffte für einen kurzen Moment, dass Kija die Lösung meines Problems sein würde.

„Und?"

„Hast recht, ist kaputt." Er grinste leicht.

Ich lachte. „Danke für diese umfangreiche Diagnose."

„Kein Ding. Aber warte mal kurz." Kija richtete sich auf und ging zu seinem Schreibtisch. Dort kramte er sein Handy hervor und tippte ein wenig darauf herum, bevor er zu telefonieren begann. Nach wenigen Sekunden endete das Gespräch und Kija kam zu mir zurück. „Ein Bekannter von mir kann dir helfen. Wir können deinen Laptop in der Mittagspause zusammen hinbringen. Nächste

Woche kriegst du ihn wieder. Und bis dahin ... mach einfach irgendwas Sinnvolles."

Kija war echt ein Engel und ich hätte nie damit gerechnet, dass ausgerechnet dieser unscheinbare Typ meine Rettung in der Not sein würde. Selbst wenn ich einen Laden gefunden hätte, der sich meines Problems annehmen konnte, hätte ich den Laptop vermutlich nie so schnell wieder zurückbekommen.

Ich nutzte meine Zeit bis zum Mittag dafür, den Deutschunterricht vorzubereiten. Mittags stand ich dann pünktlich auf der Matte, um mit Kija gemeinsam meinen Laptop ins Krankenhaus für Technikgeräte zu bringen. Der Laden befand sich im Stadtteil Jongno, welcher circa 15 Minuten von unserer Arbeitsstelle entfernt war. Wenn ich das Viertel mit einem Wort beschreiben müsste, dann wäre es: retro. Es wirkte wie eine alte Stadt mit sehr alten Menschen, geradewegs aus Cyberpunk herauskatapultiert. Es fühlte sich an, als ob die Zeit 1994 stehen geblieben wäre.

In dem kleinen und nicht besonders luxuriösen Geschäft begrüßte uns der Techniker, Herr Seongmin, ein Freund von Kijas Onkel. Er nahm mir den Laptop ab und sprach mit Kija. Ich verstand kein einziges Wort. Herr Seongmin hatte einen starken Dialekt, welcher aus einer weiter entfernten Provinz stammte. Ich konnte dem hitzigen Gespräch aber sehr wohl entnehmen, dass es sich bei der Diskussion um Geld drehte. Ich war von Kijas Durchsetzungsvermögen und Verhandlungskunst fasziniert und konnte kaum glauben, dass er sich so sehr für mich einsetzte, obwohl er mich doch kaum kannte.

Er hatte sich wirklich ins Zeug gelegt und die Reparaturkosten von umgerechnet 200 auf 80 Euro runtergehandelt. *Ich glaube, in Deutschland hat sich noch nie jemand so schnell so sehr um mich bemüht. Also entweder sind alle Koreaner absolute Schätze oder Kija ist wirklich besonders ...*

Auf halber Strecke zurück zum Büro legten wir einen Stopp bei einem Baseball-Arcade-Center ein. Kija war voll in seinem Element. Ich selbst traute mir ehrlicherweise nicht zu, die kleinen weißen Bälle mit dem Schläger zu treffen. Diese flogen nämlich mit einer wahnsinnig hohen Geschwindigkeit aus einer Maschine auf einen zu. Ich feuerte meinen Kollegen lieber von der Zuschauerbank aus an, als wäre ich sein größter Cheerleader. Für einen kurzen Moment hatte ich den ganzen Stress mit dem Laptop vergessen und war einfach nur von Kijas Schlagtechnik – und seinen muskulösen Oberarmen – fasziniert. *Vielleicht sollte ich auch mal dem Gym einen Besuch abstatten.*

Später bedankte ich mich bei ihm dafür, dass er sich an einem Tag wie heute um mich gekümmert hatte. Als wir uns verabschiedeten und uns wieder an die Arbeit machten, ärgerte ich mich ziemlich, dass ich soeben meine Chance vertan hatte, ihn nach seiner Nummer oder Kakao-ID zu fragen. Kakao Talk ist btw das koreanische WhatsApp und dient als Instant-Messenger-Dienst in Südkorea.

Nach vier Tagen, als ich mich schon mental darauf vorbereitet hatte, gleich allein zum Technikladen zu gehen, dort Koreanisch zu sprechen und meinen hoffentlich reparierten Laptop zu bezahlen, tauchte Kija vor meinem Schreibtisch auf. Seine Arme waren hinter seinem Rücken verschränkt – eine unnatürliche und auch sehr unbequem aussehende Haltung, wie ich fand – und er hatte ein verschmitztes Lächeln auf den Lippen. Er ging direkt auf mich zu und ich spürte sofort ein Kribbeln im Bauch und ein Gefühl von Euphorie. *Entwickelt da gerade jemand einen Crush auf Kija?* Ich versuchte, mir nichts anmerken zu lassen.

„Hi, Ken."

„Hi, Kija. Was gibt's?"

„Ich habe da etwas für dich." Kija sprach so leise, dass ich ihn kaum verstand. Dann holte er hinter seinem Rücken ein rechteckiges Ding hervor. Es dauerte ein bisschen, bis ich realisierte, dass sich unter der roten Schleife nicht einfach nur irgendein Laptop verbarg, sondern *mein* Laptop! Kija musste den

Reparaturauftrag bezahlt und ihn heute morgen noch vor der Arbeit abgeholt haben. „Wie neu."

Ehrlich gesagt war ich in diesem Moment etwas überwältigt. Wenn ich ein paar Tage zuvor schon gedacht hatte, Kija wäre mein Ritter in glänzender Rüstung gewesen, dann hat er das an diesem Tag noch einmal getoppt.

Wahrscheinlich hatte ich ihn ein wenig zu lange angestarrt, denn er sah mich fragend an. „Alles in Ordnung, Ken?"

„Ja. Ja, danke", antwortete ich gedämpft und starrte auf den Laptop. „Tausendmal ein riesiges Dankeschön fürs Abholen. Was schulde ich dir?"

Aber Kija winkte nur ab. „Ach, das ist schon in Ordnung. Du kannst mich ja auf ein Essen einladen, um dich zu bedanken." Er lächelte mir zu und verließ mein Büro, bevor ich noch etwas sagen konnte.

Ist das gerade echt passiert? Wie süß war das denn bitte? Ist das der K-Drama-Moment, auf den ich mein ganzes Leben lang gewartet habe? Ich kam nicht drauf klar. Obwohl ich einiges an Aufgaben nachzuholen hatte und den nächsten Deutschunterricht vorbereiten musste, fiel es mir an diesem Tag mehr als schwer, mich weiter auf die Arbeit zu konzentrieren.

Stattdessen erdrückten mich meine Gedanken und Unsicherheiten fast: Wie sollte ich ihn am besten fragen? Und wann? Und was würde ich zu unserem Date anziehen? War es überhaupt ein Date? Oder wollte er sich nur freundschaftlich treffen? Vielleicht war die Aktion heute ja nur reine Höflichkeit und nicht mehr? Oder hatte er wirklich Interesse an mir, immerhin waren wir vor ein paar Tagen ja auch nicht auf kürzestem Weg zurück ins Büro gerannt, sondern haben stattdessen noch etwas unternommen? Fragen über Fragen.

Unser erstes Date – ich hatte einfach beschlossen, dass es sich bei diesem Treffen darum handelte (man darf ja noch träumen) – war, um es vorsichtig auszudrücken, absolut magisch. Auf die Einladung in meine Lieblingsbar hatte

Kija nur „Guter Geschmack, bin dabei." geantwortet. Obwohl wir aus so unterschiedlichen Kulturkreisen kamen, hatten wir überraschend viel gemeinsam. Wir hatten dieselben Interessen, liebten dieselben koreanischen TV-Shows und hatten sogar beide ein Video davon, wie wir zu dem K-Pop-Song *Call Me Baby* der Boyband Exo tanzten.

An diesem Abend mit Kija habe ich zum ersten Mal gemerkt, dass ich mich anders fühlte – leichter und befreiter. In Deutschland kämpfte ich oft mit der Angst, dass mich ein Bekannter entdecken könnte, und so war ich auf Dates selten tiefenentspannt gewesen. Hier aber war es mir egal, wer mich mit Kija sehen würde, da mich eh niemand kannte! Ein Date mit einem anderen Mann, das nicht heimlich an einem dunklen Ort oder im Auto stattfand, war für mich Neuland und mein jüngeres Ich hätte sich wohl vor Aufregung in die Hose gemacht. Aber der ältere Ken genoss jede Sekunde. Denn auch wenn nicht viel passierte, war dieses Erlebnis für mich schon unfassbar wertvoll.

Die Zeit verging wie im Flug und ehe wir es uns versahen, war es zehn Uhr abends. „Wenn wir morgen nicht arbeiten müssten, das wär's."

Kija erwiderte nichts, sondern schaute still lächelnd in meine Augen. Mir war nie aufgefallen, wie schön sein Gesicht eigentlich war. Kaum eine Pore war zu erkennen, eine Haut wie Glas und eine ziemlich markante Jawline. Ich hätte ihn eine Ewigkeit anschauen können.

Als wir uns verabschiedeten, meinte Kija: „Danke für das schöne Treffen. Ich hoffe, es war nicht unser letztes." Ich schüttelte den Kopf. „Cool, dann sehen wir uns morgen auf der Arbeit, Ken."

Zu Hause angekommen, konnte ich immer noch nicht fassen, was eben passiert war, und schrieb sofort eine Nachricht an Lisa, in der ich ihr alles erzählte. Der Zeitunterschied machte uns zwar zu schaffen, hielt uns aber nicht davon ab, weiterhin in regelmäßigem Kontakt zu stehen. Ehe sie antworten konnte, war ich allerdings schon eingeschlafen.

Am nächsten Morgen konnte ich es kaum erwarten, Kija wieder zu sehen, aber gleichzeitig war ich auch nervös. *Was, wenn er das Date gar nicht so gut fand und sich nur aus Höflichkeit in dieser Form verabschiedet hatte? Wird das jetzt nicht super awkward, wo ich Arbeit und Privates auf diese Art vermischt habe? In Südkorea ist bereits Händchenhalten auf der Arbeitsstelle verpönt. Und dann auch noch ein homosexuelles Paar? Klares Tabu!* Die Gedanken kreisten wie ein Wirbelwind in meinem Kopf.

Als ich bei der Arbeit ankam und Kija nicht im selben Büro vorfand, war ich gleichzeitig enttäuscht und erleichtert. Wie gerne hätte ich ihn sofort wiedergesehen und unser Treffen von gestern fortgesetzt, aber mit ihm in meiner Nähe hätte ich mich wohl kaum ausreichend auf meine Arbeit fokussieren können.

Wir trafen uns von diesem Tag an allerdings regelmäßig nach der Arbeit, um spazieren zu gehen, den Abend im Park ausklingen zu lassen oder gemeinsam auf die ein oder andere Party zu gehen. Unsere Treffen liefen meistens recht locker ab und es passierte in romantischer Hinsicht nicht besonders viel, aber die Spannung zwischen uns wurde immer intensiver. Ich glaube, bis zu diesem Zeitpunkt war ich noch nie so sehr verknallt gewesen, nicht mal in mein liebstes K-Pop-Idol Kai von Exo, lol – und das mag was heißen.

Achtung! Jetzt wird es kitschig. Du musst wissen, dass Koreaner extreme Romantiker sein können, und so habe ich mich oft wie in einer gut gemachten Romcom gefühlt.

Wir wohnten nicht weit voneinander entfernt, und immer, wenn es regnete, brachte mich Kija unaufdringlich mit seinem Regenschirm nach Hause. Dass er selbst dabei oft auf einer Schulterseite völlig nass wurde, schien ihm egal zu sein. Hauptsache, ich kam trocken und unversehrt zu Hause an. Kija achtete auch immer darauf, dass mir nichts zustieß, da ich ein ziemlicher Tollpatsch sein kann.

Einmal war ich so in das Gespräch vertieft, dass ich die Pfütze direkt neben mir auf der Straße komplett übersah. Ein hindurchfahrendes Auto hätte mich fast von oben bis unten mit dreckigem Straßenwasser durchtränkt. Aufmerksam wie er war, stellte sich Kija neben mich und schob mich ein wenig zur Seite, sodass mich die Wasserfontäne knapp verfehlte. Wir unterhielten uns währenddessen ganz normal weiter, als ob sein Verhalten alltäglich wäre. Ich weiß, das Ganze klingt ziemlich schnulzig, fast schon geskriptet – aber ich habe es tatsächlich erlebt und absolut geliebt. My delulu finally became trululu!

Nach drei Monaten – und nervenaufreibend vielen unschuldigen Treffen – kam dann endlich der Moment, auf den wir alle gewartet haben:

„Ich möchte ganz offiziell fragen, ob du mein Freund sein möchtest? Ich weiß, du wirst nur noch einige Wochen in Südkorea bleiben … Aber wir könnten es trotzdem für die Zeit versuchen, oder nicht?", fragte Kija in einem schicken Restaurant in Gangnam. Ich konnte meine Nervosität kaum verbergen und lief vermutlich von den Zehen bis zur letzten Haarwurzel rot an.

„Keine Frage! Klar, Kija!" Meine Stimme zitterte bei jedem Wort, doch dann fing ich mich und fügte mit einem breiten Grinsen hinzu: „Ich dachte schon, du fragst nie."

Am liebsten hätte ich an diesem Tag laut aus dem Fenster geschrien: „Hört alle her, Ken ist in einer Beziehung mit dem süßesten Typen, den Seoul je gesehen hat!" Gleichzeitig brauchte ich nur Kija, um mich in diesem Moment vollends glücklich zu machen.

Er fragte mich, ob ich ihn am Wochenende in seine Heimatstadt Daegu begleiten wollte. Normalweise, wenn ein Koreaner dich wirklich mag, wird es ihm sehr wichtig sein, dich seinen Eltern vorzustellen. Tradition, I guess? Da Kija vor seinen Eltern aber tatsächlich noch nicht geoutet war, ging das in unserem Fall leider nicht, weswegen wir uns für eine Nacht ein Motelzimmer in der Nähe seines Hauses buchten, und dort wurden wir auch zum allerersten Mal intim, upsi.

Funfact: In Südkorea leben junge Erwachsene meistens noch bis zur Hochzeit mit ihren Eltern zusammen, da die Lebenserhaltungskosten, vor allem in Großstädten wie Seoul oder Busan, sonst viel zu hoch wären. Vielleicht kennst du das typische Familienleben bereits aus koreanischen Serien. Für Koreaner ist es ganz normal, mit mehreren Menschen in einem Zimmer zu schlafen und den Platz zu teilen.

In seiner Heimatstadt wollte Kija mir unbedingt ein Baseballspiel im Daegu-Stadium zeigen. Bei dem Spiel trat das lokale Team der *Samsung Lions* an. Yay, eine Sportveranstaltung. So cool! Nicht. Sorry, ich bin einfach nicht der größte Sport-Fan. Du erinnerst dich, dass wir nach dem Besuch im Technikladen auch noch ein einem Baseball-Arcade-Center waren? Ich hätte also eigentlich von Anfang an wissen müssen, was mir blühte. Na ja, was macht man nicht alles für seinen Freund.

Baseball ist in Korea schon fast eine Religion, und die Atmosphäre dort ist einfach einzigartig. So konnte sogar ich meine Vorbehalte ablegen und würde dir nach dieser Erfahrung einen Besuch des Stadions echt empfehlen! Denn es handelt sich um viel mehr als nur eine Sportveranstaltung. Die Fans sind leidenschaftlich und unterstützen ihr Team mit Gesängen, Trommeln und Fahnen. Es ist fast so, als ob man bei einem Konzert oder einer Zeremonie dabei wäre.

Außerdem gibt es viele weitere interessante Traditionen und Rituale, die vor und während des Spiels stattfinden. Zum Beispiel werden Ballons in den Teamfarben aufgeblasen und gemeinsam in die Luft steigen gelassen, um das Team zu unterstützen. Es gibt auch spezielle Cheerleader, die die Fans anfeuern und für Stimmung sorgen. Auch das Essen im Stadion ist ein Erlebnis für sich. Es gibt eine Vielzahl von Snacks und Gerichten, die speziell für Baseballspiele zubereitet werden. Von Korean Corndogs über Popcorn bis hin zu koreanischem Streetfood ist für jeden Geschmack etwas dabei. Ich bin Kija für diesen Tag unfassbar dankbar. Aber ich schaue trotzdem lieber den Männern beim Sport zu, als selbst einen Schläger zu schwingen.

Obwohl wir über dieses Wochenende sehr zusammengewachsen sind, haben wir uns entschieden, niemandem von unserer Beziehung zu erzählen. Dass ich schwul bin, wussten weder meine Vorgesetzten noch die Senioren, die ich im Kulturzentrum unterrichtete. Nur die Kollegen, die mir in meiner ersten Woche den Homo Hill gezeigt hatten, kannten meine Sexualität. Generell wird Dating innerhalb einer Firma in Südkorea nicht gerne gesehen. Homosexualität ist zudem bei der älteren Generation immer noch ein kontroverses Thema und trotz allen Fortschritts deswegen leider immer noch stark tabuisiert. Da konnte und wollte ich kein Risiko eingehen.

Denn obwohl dieses Erlebnis, meine erste Beziehung, so unfassbar schön war, musste ich immer wieder an die in wenigen Wochen bevorstehende Rückkehr nach Deutschland denken. *Kija und ich, wenn ich wieder in Deutschland bin … Ob das gut gehen kann?* Ich war (und bin) nicht der Typ für eine Fernbeziehung – und das Ganze meinen Eltern zu erklären, wäre auch noch mal eine andere Nummer gewesen.

„Hey, Mama, Papa, schön, euch zu sehen. Ich habe in Südkorea übrigens finally meine schwule Seite so richtig langfristig ausgelebt und hab mir einen heißen koreanischen Boyfriend geangelt. Sagt Hallo zu Kija. Ist doch ok, oder? Bitte verstoßt mich nicht, lol."

Ich glaube, das wäre bei keiner der beteiligten Parteien gut angekommen.

Entsprechend kreisten immer dieselben Fragen in meinem Kopf. Hatten wir ein Ablaufdatum? Und wenn ja, lohnte es sich dann überhaupt, so viel Energie und Liebe in die Beziehung zu stecken? Trotz der vielen Zweifel lag die Antwort auf diese Fragen für mich eigentlich auf der Hand. Egal, was die Zukunft bringen würde, ich war mir sicher, dass die Erfahrung, die ich mit Kija machte, die richtige war. Trotz aller Scham, wenn ich an meine Eltern zu Hause dachte, war mir klar, dass Kija alles war, was ich jemals wollte. Ich wollte mir keine Sekunde mit dem besten Jungen, den ich bisher kennengelernt hatte, entgehen lassen, nur weil es vielleicht nicht für immer halten würde.

Könnte ich den Reset-Knopf drücken, ich würde alles wieder genauso machen. Wobei, fast alles. Ich hätte ihn früher nach seiner Nummer und einem Date gefragt!

So sehr ich mir auch ein Wunder wünschte, natürlich machte mir irgendwann die Zeit einen Strich durch die Rechnung. Ich hatte insgesamt nur zwölf Monate in Seoul, dann lief mein Visum ab. Meine engsten Freunde, darunter auch Amir, luden mich gegen Ende noch einmal zu sich nach Hause ein, um gemeinsam meinen Abschied zu feiern. Auch meine anderen Arbeitskollegen erwähnten schon zu Beginn der letzten Woche immer wieder, wie sehr sie mich vermissen würden und dass unsere gemeinsame Zeit unbedingt noch einen gelungenen Abschluss brauchen würde.

Obwohl ich wusste, dass sich dieser Abschnitt meines Lebens dem Ende neigte, dass ich so etwas wohl nie wieder erleben und viele meiner Freunde vermutlich für längere Zeit nicht mehr sehen würde, blickte ich nicht nur wehmütig auf die Zeit zurück, sondern war einfach unfassbar dankbar dafür, dass ich eine so schöne Erfahrung machen durfte.

Ich war mir sicher, dass viele der Freundschaften, die ich hier geknüpft hatte, für den Rest meines Lebens bestehen würden und dass ich neben Deutschland nun auch in Seoul für immer eine Heimat gefunden hatte. Nur dass ich hier authentisch immer der Ken gewesen war, der sich zuvor in Deutschland nie getraut hatte, sein wahres Ich zu zeigen.

Es gab dennoch einen Abschied, der mir entgegen allen Vorsätzen außerordentlich schwerfiel: der von Kija. Er war mein erster richtiger Partner gewesen. Ich liebte ihn aufrichtig und von ganzem Herzen. Uns beiden war aber klar, dass eine Fernbeziehung für uns nicht funktionieren würde. Da ich zurück nach Deutschland musste und Kija in Südkorea fest verankert war, blieb uns nur, die Beziehung zu beenden.

Auch wenn ich versucht hatte, nicht zu rührselig zu sein und die verbliebene Zeit mit Kija zu genießen, kam ich nicht immer um negative Gedanken herum. „Manchmal wünsche ich mir, ich würde in das Flugzeug steigen und das alles halb vergessen. Ich glaube, das würde den Schmerz viel erträglicher machen. Gleichzeitig will ich auch keine Sekunde von dem missen, was ich hier in Korea erlebt habe. Aber du wirst mir echt fehlen", sagte ich ihm dann.

Kija antwortete darauf meistens gar nicht, sondern nahm mich einfach in den Arm, bis ich mich wieder gesammelt hatte. Bis zum Schluss war er so, wie ich ihn kennengelernt hatte: hilfsbereit und eine echte Unterstützung in jeder schwierigen Situation.

An unserem letzten gemeinsamen Tag lud Kija mich erst zum Essen und anschließend in ein teures Café in Hongdae ein. Wir rekapitulierten unsere gemeinsame Zeit und sprachen besonders über die positiven Ereignisse.

„Weißt du noch, als wir unser erstes Date hatten? Ich war so nervös und hatte gar keine Ahnung, ob du das überhaupt auch als Date gesehen hast oder ob du nicht vielleicht einfach nur deinen koreanischen Charme hast spielen lassen. Ich meine, ich wusste zu der Zeit ja noch nicht mal, dass du auch schwul bist", gestand ich ihm zum ersten Mal, woraufhin Kija laut loslachte.

„Tatsächlich fand ich dich schon von Anfang an super süß. Zum Glück ist dein Laptop kaputt gegangen, sonst hätten wir vermutlich nie miteinander geredet und ich hätte dich die ganze Zeit richtig creepy über den Schreibtisch hinweg angestarrt." Wir beide schwiegen und schwelgten in Erinnerungen, bis Kija ein kleines Geschenk aus seiner Tasche holte. „Hier, ich habe dir noch was mitgebracht. Zum Abschied. Die hat meine Mama selbst geschnitzt. Ich dachte, dass du damit bestimmt was anfangen kannst."

Hat er gerade gesagt, das Geschenk ist von seiner Mutter? Ich weiß nicht, ob dir das bewusst ist, aber wenn das ein Geschenk von seiner Mama war, musste das bedeuten, dass er ihr von mir erzählt hatte. Widersprüchliche Gefühle schossen in diesem Moment durch meinen Körper: Freude darüber, dass er seiner Familie von mir erzählt hatte. Traurigkeit, weil wir schon bald getrennte Wege gehen würden. Und natürlich Neugierde, was genau in dem Päckchen drin war, das seine Mama für mich gemacht hatte.

„Mach es schon auf."

Das ließ ich mir nicht zweimal sagen. Nachdem ich das Geschenkpapier abgezogen hatte, kamen zwei große Seifenstücke zum Vorschein, in welche zwei wunderschöne Hanboks (traditionelle koreanische Trachten) geschnitzt waren. Sie sollten an eines unserer Dates im Gyeongbokkung, dem Königspalast in Seoul, erinnern.

Ich griff nach seiner Hand und sah ihm in die Augen. „Danke. Ehrlich. Für alles."

Ich verabschiedete mich also von Kija und umarmte ihn mit Tränen in den Augen. *Jetzt bloß nicht heulen, Ken. Nicht in der Öffentlichkeit.* Kija drückte mich noch einmal an sich, bevor er mir ins Ohr flüsterte: „Versprich mir eines, Ken. Wenn wir uns jetzt umdrehen und jeder seiner Wege geht, dann versuch, nicht allzu traurig zu sein. Wenn du in Deutschland bist, dann schreib mir nicht, dass du mich vermisst. Die Zeit mit dir war wunderbar und ich werde sie für immer im Herzen tragen. Lass uns darauf mit Freude zurückblicken, okay?"

Ich schaute ihn eine Zeit lang nur stumm an, bevor ich nickte. Wie recht er hatte. Was nützte es, traurig über den Abschied zu sein? Es würde die Zeit auch nicht zurückdrehen und mit jeder Nachricht hätte ich den Schmerz nur wieder zurück an die Oberfläche gelockt.

Klar, alles zu verdrängen war auch nicht die Lösung. Ich erlaubte mir trotzdem, traurig zu sein, wenn ich traurig war. Aber ich versuchte auch, mich immer auf die schöne gemeinsame Zeit zu besinnen, um Kija so in Erinnerung zu behalten, wie er war: liebevoll, lustig und ein wahrer Gentleman.

Nach einem letzten Blick in seine Augen und einem sanften Drücken seiner Hände drehte ich mich um und ging. Seither habe ich Kija nie wieder gesehen, aber die kleine Schatulle mit den Seifen seiner Mutter steht bis heute bei mir unangetastet in meinem Badezimmerregal.

Bis heute denke ich mit einem warmen Gefühl an die vielen wunderschönen Monate mit Kija und meinen Freunden, mit denen ich die krassesten Ausflüge in die schönsten Gegenden Südkoreas gemacht habe, zurück. Wir hatten einander nicht gesucht, aber trotzdem gefunden. Genauso wie einen Teil von mir, den ich bis dahin immer in der Dunkelheit versteckt hatte.

TAKEAWAY

Wenn du je in einer ähnlichen Situation sein solltest und dir jemand oder etwas begegnet, von dem du weißt, dass es dich unfassbar glücklich machen würde, aber du dich aus irgendeinem Grund nicht entscheiden kannst, dann nimm das hier zum Anlass: Trau dich!

Es ist total valide, wenn du zunächst Angst davor hast, aber du wirst es dir vielleicht ewig vorhalten, wenn du die Chance nicht ergreifst und eine der schönsten Zeiten in deinem Leben verpasst. Trust me, die Überwindung wird sich lohnen, wie sie sich bei mir in Bezug auf Südkorea und Kija gelohnt hat!

Eine drastische Veränderung ist hart und es ist super scary, aber sich darauf einzulassen, zahlt sich aus. Das haben auch meine Eltern gemerkt, als sie mich wieder vom Flughafen abholten. Nach dem üblichen „Wir sind so froh, dich wiederzusehen!“ und „War Seoul wirklich so toll, wie du es dir vorgestellt hast?“ erwähnte meine Mama, dass ich irgendwie verändert aussah und dass sie froh war, mich so strahlen zu sehen.

Ich erwiderte ihre Umarmung. „Ja, ich bin auch echt glücklich, Mama.“

05 KAPITEL

CAN'T BE TAMED

Zurück in Deutschland wurde ich direkt ins wilde Studentenleben katapultiert. Meine Eltern hatten mich bei unseren Telefonaten regelmäßig daran erinnert, wie wichtig es war, eine gute Ausbildung zu absolvieren und das große Geld zu verdienen. Was das Thema angeht, sind die Klischees über asiatische Eltern gar nicht mal so gelogen.

Neben dem gesellschaftlichen Druck hatte meine Familie aber auch konkrete Gründe für ihr Drängen. Meine Eltern kommen beide aus ärmeren Verhältnissen und waren in die BRD eingewandert, um ihren Kindern einmal ein besseres Leben ermöglichen zu können. (Ein wenig mehr zu ihren Hintergründen erfährst du in Kapitel 6 ab S. 129.) Aus diesem Grund hatten sie eine recht bestimmte Vorstellung von meinem Werdegang und dem meines Bruders. Sie haben sich lange verständnisvoll gezeigt, dass ich erst herausfinden musste, welchen Weg ich einschlagen wollte, doch mit zunehmender Zeit lastete die Verantwortung immer schwerer auf uns Geschwistern. Ein drittes Gap Year? #NoGo

Aus diesem Grund hatte ich mich bereits während meiner letzten Wochen in Asien um einen Studienplatz für „International Business mit Schwerpunkt Marketing" an der CBS in Köln beworben, vorrangig mit dem Ziel, später meine Familie finanziell unterstützen zu können. Dass das Studium komplett auf Englisch war, war zwar etwas einschüchternd, aber hey, ich hatte immerhin ein ganzes Jahr in einem Land überstanden, dessen Sprache ich am Anfang bestenfalls ausreichend verstand. Da war es auch kein Problem, die ersten zwei Wochen meines Studiums zu verpassen, weil ich die erste Septemberhälfte noch in Korea verbracht hatte …

Ich zog jedenfalls wieder in mein altes Kinderzimmer bei meinen Eltern ein, frönte dem Partyleben und begann neben dem Studium wieder einen Job als Verkäufer, der sich nicht stark von dem unterschied, was ich zuvor schon gemacht hatte. Eine Privatuni zu besuchen ist teuer, aber für mich hat es sich gelohnt. Abgesehen davon, dass ich jeden Morgen zur Uni statt zur Schule fuhr, schien es mir fast, als hätte sich seit der Zeit in Südkorea nichts getan. Als hätte ich für ein Jahr die Pause-Taste gedrückt. Während andere aus meinem Abi-Jahrgang mit ihrer Ausbildung oder ihrem Studium schon fast fertig waren, stand ich zum Beginn meiner 20er nach wie vor noch am Anfang meiner beruflichen Karriere.

Na gut, ein bisschen anders war's schon – schließlich hatte ich riesige Portionen an Selbstbewusstsein und Selbstwertgefühl aus Südkorea mit nach Hause gebracht. Ich wusste jetzt, wer ich war, und mochte mein neues Ich, das von mir ein ganzes Jahr lang gehegt und gepflegt worden war. Obwohl ich mich immer wieder dabei erwischte, dass ich in alte Denkmuster zurückfiel (*Was denken die jetzt, wenn ich das anziehe? Ist das schon zu viel Concealer unter den Augen? Sollte ich den Lipgloss lieber weglassen?*), war all das kein Vergleich zu dem Ken, der Deutschland damals verlassen hatte.

Ich hörte sogar damit auf, mich nachts heimlich aus dem Haus zu schleichen, und machte kein großes Geheimnis daraus, wenn ich ausging. Meine Familie wusste allerdings immer noch nicht, dass ich schwul war, weswegen vage Ausreden wie „Ich geh auf eine Univeranstaltung" oder „Ich bin zum Lernen in der Bibliothek" an der Tagesordnung waren, wenn ich abends das Haus verließ. Die Klassiker eben. Meine Eltern haben nie weiter nachgefragt. Sie dachten wahrscheinlich einfach, ich würde mich mit Freunden oder vielleicht sogar mit einem netten Mädchen treffen.

Der schwule beste Freund

Womit wir beim Thema Freundschaft wären. Was haben die beiden Serien-Figuren Eric Effiong aus *Sex Education* und Kevin Keller aus *Riverdale* gemeinsam? Ja, natürlich, sie sind schwul. Und beide gehören zu den besten Freunden der Protagonisten. Film und TV lieben solche Klischees und setzen sie in der Regel in Form von Nebencharakteren um.

Ich habe mich mehr als einmal gefragt, ob ich nicht auch bloß der stereotypische

Tränen zurückzuhalten ist gar nicht so leicht, wenn man getrunken hat.

„Also …“, begann ich und machte eine dramatische Pause, „es gibt da etwas, was ich euch sagen muss.“

Keines der Mädels sagte etwas, aber ich wusste, dass sie mir zuhörten und mit ihren Gedanken voll bei mir waren. Diese Art von aktivem, geduldigem Zuhören ist eine Fähigkeit, die ich schon immer an ihnen geschätzt habe.

„Also, es ist so … Ich wollte es euch schon die ganze Zeit sagen …“ Ich holte tief Luft. „Ich bin schwul.“

Stille. Bombe eingeschlagen.

Warum sagen sie nichts? Werde ich heute allein nach Hause gehen? Werden sie je wieder ein Wort mit mir wechseln? Ob ich mich wenigstens verabschieden darf, bevor sie sich von mir abwenden?

Dann begannen alle drei wie wild zu kichern. Ich zog eine Augenbraue nach oben. Das war nicht gerade die Reaktion, die ich erwartet hatte.

„Ken, glaubst du echt, wir würden das nicht wissen?“, fragte Eva.

„Echt mal. War jetzt nicht schwer zu erraten“, stimmte Pia ihr zu und umarmte mich. Die anderen beiden schlossen sich der Gruppenumarmung schnell an und ich konnte nicht anders, als die Tränen ungehindert fließen zu lassen. Selten habe ich mich so bedingungslos verstanden und akzeptiert gefühlt.

Vani bedankte sich sogar. „Es bedeutet mir viel, dass du das mit uns teilst. Und es ist irgendwie schön zu wissen, dass du uns so vertraust.“

Danach saßen wir einen kurzen Moment einfach nur da – ich komplett verheult, aber mit einem Lächeln im Gesicht – und lagen uns in den Armen. Das hat mir so viel Kraft gegeben, diesen Tag werde ich niemals vergessen. Eva hat dann natürlich den Moment zerstört (oder wie sie sagen würde: „aufgelockert“) und vorgeschlagen, dass wir Pommes kaufen, sie in unsere Hosen stecken und so in den Club schmuggeln.

Klingt crazy, aber das haben wir tatsächlich gemacht. Trotz warmer und salziger Fritten, die aus unseren Taschen zu fallen drohten, sind wir unter den wachsamen Blicken der Türsteher beinahe tiefenentspannt geblieben. Mission accomplished!

Die Aktion war so spontan und absurd, dass wir anschließend im Club einen ewig langen Lachflash bekommen haben. Und für einen kurzen Moment vergaß ich, dass ich mich nur wenige Minuten vorher bei meinen besten Freundinnen geoutet hatte. Für den Rest des Abends snackten wir beim Tanzen die Pommes und feierten sorglos bis in die Morgenstunden.

Solltest du das noch nie probiert haben: Es twerkt sich besser, wenn man dabei Pommes isst, und wenn du Glück hast, findest du danach noch welche für den Heimweg.

Jokes aside, ich weiß, dass ich mit Eva, Vani und Pia drei Freundinnen für den Rest meines Lebens gefunden habe. Egal was war – Stress mit den Eltern, Skandale mit Ex-Mobbern, das ganze Leid und die endlosen Versteckspiele –, in Momenten wie diesen merke ich immer wieder, dass unsere Freundschaft alles andere überstehen wird und wie sehr es sich lohnt, dafür zu kämpfen. Hater kommen und gehen, aber irgendwann, wenn man lange genug weitermacht, trifft man auf diese Menschen, bei denen man sagen kann: Ja, das war es alles wert.

TAKEAWAY

Wenn du gerade eine Person in deinem Freundeskreis hast, der es nicht gut geht oder die deine Hilfe braucht, weil sie zum Beispiel mit ihrer Sexualität oder Identität struggelt, dann kann ich dir nur raten: Nimm dir Zeit. Gib deinem Freund das Gefühl, dass du immer für ihn da bist, und schaffe einen Raum, in dem er sich dir anvertrauen kann. In der Regel hilft es schon total, wenn du einfach nur zuhörst. Besonders bei emotionalen Themen fällt es vielen Menschen schwer, darüber zu sprechen und sie ziehen sich schnell zurück, wenn man sie immer wieder unterbricht.

Wenn du dir nicht sicher bist, wie du dich am besten verhältst, dann bleib ehrlich und steh dazu. Erkundigungen wie „Wie kann ich dich gerade am besten unterstützen? Was brauchst du von mir?“ wirken Wunder. Trust me, du wirst überrascht sein, wie tief du dich mit anderen verbunden fühlen kannst, wenn du dich darauf einlässt und dich nicht von Stereotypen blenden lässt.

Oops! ... I Did It Again

Ich stand vor dem großen, verglasten Gebäude des International Office meiner Universität, ein gigantisches Fragezeichen in meinem Gesicht. Das fünfte Semester, und somit das langersehnte Auslandssemester, stand für mich und meine Kommilitonen kurz bevor. Meine Universität hatte glücklicherweise Partneruniversitäten auf der ganzen Welt zur Verfügung gestellt. Dementsprechend war die Auswahl riesig und einen Entschluss zu fassen a Pain in the Ass.

Die Deadline, um sich für einen der Standorte zu bewerben, war fast um. Ich hatte nur noch wenige Minuten für eine Entscheidung, die mein Leben verändern könnte. Sollte ich zurück nach Südkorea gehen, in das Land, das ich so liebte und dessen Sprache ich bereits beherrschte? An dem ich mich zum ersten Mal frei und akzeptiert gefühlt hatte? Oder sollte ich den Sprung ins Unbekannte wagen und beispielsweise nach Kanada gehen?

Die Gedanken überschlugen sich in meinem Kopf. Ich dachte an die lebhaften Straßen Seouls, an das köstliche Essen und an die Freunde, die ich dort zurückgelassen hatte. Doch dann sah ich mich selbst inmitten der majestätischen kanadischen Landschaften stehen, wie ich für den zukünftigen Job mein Englisch perfektionierte und völlig neue kulturelle Erfahrungen sammelte.

„Ken!“ Eine Stimme riss mich aus meinen Gedanken. Es war Gina, eine Kommilitonin aus meinem Studiengang. „Du musst dich beeilen! Die machen gleich zu!“

Ich nickte hastig und trat durch die automatischen Türen ins Gebäude. Mit zittrigen Händen füllte ich das Anmeldeformular aus und reichte es über den Tresen. Gerade noch rechtzeitig.

„Sie haben Glück", sagte die Sachbearbeiterin mit einem Lächeln. „Das nenne ich mal *Last Minute*!"

Als ich das Büro verließ, fühlte ich mich seltsam leer und zugleich aufgeregt. Hatte ich die richtige Wahl getroffen?

Das fünfte Semester begann für mich nicht in einem Hörsaal meiner Heimatuniversität, sondern an der renommierten Hanyang University – am pulsierenden Herzen Seouls. Obwohl die Situation eine andere als im FSJ war, hatte ich erneut das Gefühl, in diesem Land ganz ich selbst sein zu können. Außerdem lernte ich weiterhin neue Dinge und Gegebenheiten vor Ort kennen – dieses Mal aus der Sicht eines internationalen Studenten.

Mit dem Soju, dem koreanischen Nationalgetränk, habe ich ebenfalls enge Bekanntschaft machen dürfen. Der wird nämlich in jeder Bar und jedem Club viel getrunken. Und mit „viel" meine ich *wirklich viel*. Wusstest du, dass Südkoreaner durchschnittlich mehr Alkohol trinken als Deutsche? Kaum zu glauben, aber so ist es. Dass sich meine Kommilitonen auf Studentenpartys nicht zurückgehalten haben, muss ich wahrscheinlich gar nicht weiter ausführen ...

Während der Studienzeit in Seoul ergriff ich auch die Chance, meine ehemalige Arbeitsstelle zu besuchen. Zwei Jahre waren vergangen, seitdem ich im Viertel Anguk-dong war. Einige Senioren, die ich im FSJ betreute, traf ich tatsächlich wieder. Es fühlte sich fast so an, als ob ich meine Großeltern besuchen würde. Meine ehemaligen Kollegen aus dem Seoul Noin Bogji Center luden mich sogar auf einen Bubble Tea ein. Zum Tausch brachte ich ihnen eine Menge Süßigkeiten und Skincare-Markenprodukte aus Deutschland mit.

Das mag erst mal seltsam klingen, aber Marken wie Haribo, Nivea oder Kamill werden dort als Luxusmarken gesehen und sind teilweise recht schwierig zu bekommen. Eine 200g-Haribo-Packung kann in Seoul umgerechnet bereits drei bis vier Euro kosten. Im Prinzip werden alle deutsche Marken in den Himmel gepriesen, da „Made in Germany" dort für ausgezeichnete Qualität steht.

Die Menschen sehen Deutschland aber nicht nur als ein wirtschaftliches Vorbild. Auch politisch wird unsere Geschichte als Pionier und Paradebeispiel gesehen: Die Südkoreaner hoffen nämlich auf eine Einigung zwischen Süd- und Nordkorea, so wie zwischen West- und Ostdeutschland.

Du fragst dich vielleicht, ob ich Kija ebenfalls gesehen habe. Aber leider muss ich dich da enttäuschen. Obwohl ich ihn innerlich so sehr noch einmal treffen wollte, erinnerte ich mich an unser Versprechen. Wir hatten uns gesagt, dass unsere Wege sich trennen und wir uns nicht wiedersehen würden. Ich muss zugeben, dass ich trotzdem gehofft hatte, ihn in seinem Büro wenigstens kurz aufzutreffen. Von meiner ehemaligen Chefin erfuhr ich jedoch, dass er gekündigt hatte und seit zwei Semestern an einer der SKY-Universitäten[6] in Seoul studierte.

An einem meiner letzten Abende im Auslandssemester stand ich auf dem Dach der Universität und blickte über die glitzernde Skyline von Seoul. Die Stadt lag mir zu Füßen – ein Netz aus Lichtern und Leben. Plötzlich vibrierte mein Handy in der Tasche.

Es war eine Nachricht von Gina: „Wie ist es in Korea? Bereust du deine Entscheidung?"

Ich lächelte und tippte: „Es ist perfekt hier."

Ob ich Südkorea liebe? Maybe a tiny little bit.

6 In Südkorea zählt die Yonsei University zusammen mit der Seoul National University und der Korea University zu den drei renommiertesten Universitäten Südkoreas, gemeinsam auch „SKY Universities" genannt.

#Bilderbuchkarriere

Die Räder des Flugzeugs berührten am Flughafen Köln/Bonn die Landebahn. Ein letztes Rumpeln und dann war es offiziell: Ich war zurück in Germany und der Reality Check stand unmittelbar bevor. Ich wollte mich nicht von dem Gedanken verabschieden, dass das Leben immer ein aufregendes Abenteuer sein würde, doch jetzt ging es darum, die Früchte meiner bisherigen Arbeit zu ernten. Das letzte Semester meines Studiums, inklusive der Bachelorarbeit wartete auf mich.

Mit einem sehr guten Abschluss beendete ich meinen Bachelor of Arts noch im selben Sommer und konnte anschließend im September 2019 einen der begehrten (und sogar bezahlten) Praktikumsplätze im Marketing bei L'Oréal antreten, für den ich mich schon während des letzten Semesters beworben hatte. Meine Eltern waren überglücklich. Ich glaube, stolzer hätten sie auf mich nicht sein können. Und auch ich freute mich wahnsinnig. Ich hatte für mein Studium 15.000 Euro Schulden in Form von Studienkrediten aufnehmen müssen, um die Gebühren von circa 30.000 Euro zahlen zu können. Privatunis sind teuer, hatte ich das schon erwähnt? Aber ich wusste, ich wollte eine erfolgreiche Zukunft und dafür musste ich auf eine gute Wirtschaftshochschule. Dementsprechend war der Druck umso größer gewesen, einen guten Abschluss zu schaffen.

Bei L'Oréal wurde ich zunächst im Produkt- und Brandmanagement eingesetzt. Dafür pendelte ich jeden Tag von meinen Eltern nach Düsseldorf. Es lief so gut, dass das Unternehmen mir nach nur vier Monaten eine richtige Festanstellung anbot und mich im Januar 2020 von der Zentrale in Düsseldorf nach Mailand versetzte. Dort durfte ich als „Online Brand Manager" selbstständig eine ganze Marke führen und mich um neue Marketingkampagnen für den italienischen Markt kümmern. Ziemlich viel Verantwortung für den kleinen Ken, der gerade erst sein Studium in der Tasche hatte und (mal wieder) kaum Worte in der notwendigen Fremdsprache kannte. Aber wer wäre ich, wenn ich mir eine Chance wie diese hätte entgehen lassen?

Allerdings hätte ich niemals gedacht, dass es so schwierig werden würde, eine bezahlbare Wohnung zu finden. Ich konnte mit einem Mal richtig gut nachvollziehen, warum die Menschen in Städten wie Berlin oder München verzweifeln, wenn sie umziehen möchten. Erst nach ungefähr vier Wochen fand ich mit der Hilfe einer Mailänder Agentur eine dauerhafte Bleibe, die ich mir mit einer Modedesign-Studentin teilte. Dort konnte ich ankommen und mich endlich vollends auf meinen neuen Job konzentrieren, denn davor hatte ich übergangsweise in einem Hotelzimmer gelebt, welches mir mein Arbeitgeber stellte. Doch auch wenn das erst mal verlockend klingt, kann ich dir sagen: Gemütlich ist anders.

Die L'Oréal-Abteilung in Mailand empfing mich mit offenen Armen und einem unerwarteten Wirbelwind aus Veränderungen. Das Team, mit dem ich arbeiten sollte, sprach fast ausschließlich Italienisch. Doch nicht nur die Verständigung stellte mich am Anfang vor eine Herausforderung, auch die Arbeitskultur unterschied sich von allem, was ich aus Deutschland und Südkorea kannte.

In Italien schienen die Uhren anders zu ticken. Niemand schien sich an strikte Arbeitszeiten zu halten; wir blieben oft bis spät in den Abend hinein, bis unsere Chefin das Zeichen zum Aufbruch gab. Eine geregelte Tagesroutine war somit leider völlig undenkbar. Die Kantine im italienischen Hauptquartier war dafür ein Paradies für jeden Liebhaber der mediterranen Küche – Pasta in allen erdenklichen Variationen, knusprige Pizza und noch mehr Pasta.

Doch gerade als ich begann, mich richtig einzuleben, traf uns das Frühjahr 2020 mit einer Wucht, die niemand erwartet hatte. Covid-19 breitete sich aus und Italien wurde zum Epizentrum der Pandemie in Europa. Innerhalb von zwei Monaten änderte sich mein Leben drastisch. Von einem Tag auf den anderen musste ich im Homeoffice arbeiten. Die Straßen Mailands verwaisten, Masken wurden zum allgegenwärtigen Accessoire und Panik griff um sich.

Wie in anderen Großstädten waren so viele Einwohner Mailands infiziert, dass das medizinische Personal sowie die lokalen Krankenhäuser überlastet waren und improvisierte Intensivstationen gebaut werden mussten. In den Schlagzeilen las man von hunderten von Toten, die mehrere Tage in der Wohnung verbleiben mussten, weil es nicht genug Personal gab, um sie abzuholen. Letztendlich mussten italienische Militärlastwagen genutzt werden, um all die Särge abzutransportieren.

Auch in mir machte sich die Angst breit. Als in Italien begonnen wurde, über eine Grenzschließung zu diskutieren, traf ich eine Entscheidung: Ich musste hier so schnell wie möglich raus. Ich musste nach Deutschland zurück. Mein Team zeigte Verständnis und ermöglichte es mir, von Köln aus für das italienische Unternehmen zu arbeiten. So zog ich wieder in das alte Kinderzimmer bei meinen Eltern in Chorweiler, vor allem, um meiner Familie möglichst nahe zu sein, aber auch, um Geld zu sparen. Da ich einen Jahresvertrag für die Wohnung in Mailand abgeschlossen hatte, musste ich die Miete von über 800 Euro auch während meiner Abwesenheit weiterzahlen.

Ironischerweise brachte ich das Virus mit nach Deutschland und musste kurz nach meiner Ankunft erst einmal isoliert werden. Patient Zero, who?

Nachdem sich die Lage in Richtung Sommer etwas entspannte, pendelte ich regelmäßig zwischen Mailand und Köln hin und her. Einerseits war es von meinem Arbeitgeber nicht gern gesehen, dass ich als Teilnehmer eines Partnerprogramms in meinem Heimatland blieb, andererseits vermisste ich mein Zuhause durch dieses prägende Erlebnis und die damit verbundene Angst umso mehr. Ich hatte mich bei meinen Eltern einfach wohl und sicher gefühlt.

Außerdem nervte es mich, dass ich beim Drehen meiner Kurzvideos für TikTok immer auf meine italienische Mitbewohnerin Rücksicht nehmen musste. Ich hatte mit den Videos als Zeitvertreib angefangen, als ich (Corona sei Dank) wieder in Chorweiler wohnte und es so gut wie kein Social Life mehr gab. In meinem Kinderzimmer hatte ich meine Ruhe und brauchte auf niemanden

Rücksicht nehmen. Durch die Anwesenheitspflicht musste ich allerdings immer wieder schweren Herzens ins Office nach Mailand zurück.

Mein Start ins Berufsleben war somit alles andere als optimal verlaufen. Doch nicht nur die äußeren Umstände hatten meine Karriere beeinträchtigt. Ich hätte wegen der einmaligen Chance auf Wolke sieben schweben sollen. Stattdessen fühlte ich mich wie gefangen in einer Blase, die jeden Moment zu platzen drohte. Die ersten Wochen waren ein Rausch aus neuen Eindrücken, Meetings und dem Stolz, Teil eines so renommierten Unternehmens zu sein. Ich hatte hart gearbeitet für diesen Moment – Nächte durchgelernt und jede freie Minute in meine Weiterbildung investiert. Und hier war ich nun, mit einem Gehaltsscheck, der all diesen Effort belohnen sollte.

Doch nach zwei oder drei Monaten begann etwas an mir zu nagen. Eines Abends, während ich in meinem Büro in Italien saß und die dreißigste Mail mit dem Betreff „Budget-Kürzung" überflog, wurde mir schlagartig übel. Es war wieder einer dieser Tage, an denen ich mich fragte, ob es das wirklich gewesen sein sollte. Allerdings nicht im positiven Sinne.

Ist hier Endstation? Habe ich wirklich mit der Hilfe von Bildungsfonds 30.000 Euro für ein privates Studium gezahlt, um von morgens bis abends auf einen Bildschirm zu starren? Um tagein, tagaus für einen CEO zu schuften, der nicht einmal meinen Namen kennt? Es war eine leise Stimme, kaum hörbar über den Lärm des Alltags hinweg. Sie flüsterte mir zu, dass dieses Leben vielleicht nicht für mich bestimmt war.

Es gab Momente, da konnte ich die Stimme zum Schweigen bringen. Wenn ich mich in die Arbeit stürzte und Erfolge feierte, wenn ich Lob von meinen Vorgesetzten bekam oder wenn ich abends einen Blick auf die TikTok-App warf, um zu schauen, wie viele Views mein neuestes Video bekommen hatte. Draußen zog Mailand an meinem Fenster vorbei, lebendig und pulsierend, während mein Gehirn sich bereits die nächste, witzige Videoidee überlegte.

Mir wurde langsam klar, dass ich dabei war, mich selbst und meine Träume zu vergessen. Ich wusste kaum noch, wer ich wirklich war, fühlte mich wie ein Zahnrad im Getriebe. Doch hatten meine Uni-Mädels und ich uns nicht geschworen, etwas in der Welt zu verändern?

TAKEAWAY

Achtung, jetzt wird es mathematisch! In meinem Leben habe ich gelernt, dass wir unseren Erfolgsweg mit einer linearen Kurve voller Extremstellen vergleichen können. Im Endeffekt überwinden wir alle dieselben Tief- und Hochpunkte: Erfolge und Misserfolge in der Schule und im Beruf, im Privatleben und im Sozialleben. Wir alle haben schlechte Tage, aber wie beim Aktienmarkt folgt oft nach dem tiefsten Tief eine rasante Entwicklung nach oben.

Es kann einen Tag, mehrere Wochen oder sogar Jahre dauern, aber der langerwartete Plot-Twist in deiner eigenen Geschichte wird kommen. Es ist also wichtig, geduldig zu sein und auf den richtigen Zeitpunkt zu warten. Impulsive Entscheidungen können dich nämlich schnell auf den falschen Weg bringen. Schau mich an! Ich hatte mich unter Druck gesetzt, durchlebte eine Existenzkrise und wusste nicht mal, was ich im Leben wollte. Durch den überdimensionierten Workload und den ganzen Alltagsstress kam ich nicht mehr dazu, klar zu denken. #Hamsterrad.

In den nächsten Wochen dachte ich intensiv darüber nach, was mir wirklich wichtig war im Leben. Ich erlaubte mir, mir einzugestehen, welches Metier meine wahre Leidenschaft darstellte, welche Begeisterung mich erfasste, wenn ich vor der Kamera stand. Je länger ich darüber nachdachte, desto deutlicher wurde mir bewusst, dass ich mich von den Erwartungen meiner Eltern und der Gesellschaft lösen musste. Es war Zeit für mich, meine eigenen Träume zu verfolgen und mein eigenes Glück zu finden.

Wann immer ich eine freie Minute hatte, tüftelte ich an Ideen für neue Sketches. Beim Zähneputzen, auf dem Weg zum Büro, in der Kaffeepause …

Eines Tages rief mich meine Chefin Victoria in ihr Büro. *Mist, hat mein Team bemerkt, dass ich nicht mehr so bei der Sache bin wie früher? Kriege ich jetzt Probleme mit der Personalverwaltung?*

Sie bot mir einen Platz ihr gegenüber auf der anderen Seite des Schreibtischs an und betrachtete mich. „Ken, mir ist aufgefallen, dass du deine Arbeit zwar hervorragend erledigst, aber trotzdem wärst du lieber ganz woanders, stimmt's?"

Mein Herz setzte einen Schlag aus.

„Ich habe vor ein paar Tagen deine Videos auf TikTok gesehen", fuhr sie fort und lächelte. „Du hast echt Talent dafür." Moment. Wie bitte? Ein Kompliment? Ich hatte eher damit gerechnet, abgemahnt zu werden, und war kurz sprachlos.

Sie lehnte sich zurück und erzählte mir dann von ihrer eigenen Jugend – wie sie davon geträumt hatte, eine eigene Produktionsfirma zu gründen, aber nie den Mut gefunden hat, sich für dieses Ziel einzusetzen. Sie hatte sich für Sicherheit entschieden statt für Leidenschaft.

„Verfolge deinen Traum. Das Leben ist zu kurz für *Was wäre, wenn* … Wir alle hier verstehen es vollkommen und stehen alle hinter dir."

In diesem Moment fielen Monate des Drucks von meinen Schultern ab. Die Erlaubnis, frei zu sein – frei von Erwartungen anderer – und frei, meine eigene Zukunft zu gestalten, war ein überwältigendes Gefühl.

Ich nickte langsam und ein Lächeln breitete sich auf meinem Gesicht aus. „Danke? …", sagte ich vorsichtig.

Genau einen Monat später sollte mein Jahresvertrag mit dem Unternehmen enden. HR bot mir aufgrund meiner Leistungen eine Stelle in den Headquarters in Frankreich an. Ich lehnte das Angebot jedoch ab und entschied mich dazu,

mich von nun an komplett auf meine Social-Media-Karriere zu fokussieren. Mein Team in Mailand zeigte nichts als Unterstützung für meine Entscheidung.

Als mein letzter Tag vorüber war, verließ ich das Bürogebäude mit einer Mischung aus Nostalgie und aufgeregter Vorfreude auf das Kommende. Ich wusste nicht genau, was die Zukunft bringen würde, aber eines wusste ich sicher: Ich war bereit, mein eigenes Drehbuch des Lebens zu schreiben – diesmal als Hauptdarsteller vor der Kamera statt als Statist hinter einem Laptop-Bildschirm.

Meine Eltern hingegen machten sich Sorgen um meine Zukunft und konnten nicht nachvollziehen, weshalb ich den sicheren Job in Frankreich ablehnte. Das wäre eine riesige Chance gewesen. Ich konnte natürlich ihre Sorgen verstehen, weil ich einen Beruf anstrebte, der keine direkte Sicherheit bot, allerdings wuchs meine Followerzahl stetig und noch innerhalb desselben Jahres erreichte ich die Eine-Million-Follower-Marke. Und nicht nur ich war von meiner Entscheidung und meinem Erfolg überzeugt.

Sobald ich meinen Wechsel in die Vollzeit-Selbstständigkeit vollzogen hatte, meldete sich ein Management bei mir, das mich unter Vertrag nehmen wollte und bei dem ich bis heute noch bin.

Ich hatte es endlich geschafft, meine Leidenschaft zum Beruf zu machen. Als ich nach einem halben Jahr mein erstes Geld durch Werbekampagnen verdiente, verschwanden zum Glück auch die Zweifel meiner Eltern zunehmend. Sie unterstützten mich auf meinem neuen Weg und waren beeindruckt von meinen Schauspieltalenten, die ich ihnen vorher nie gezeigt hatte. Ehrlich gesagt, kannte ich sie bis zu diesem Zeitpunkt selbst noch nicht.

TAKEAWAY

Ich sage heute noch meinen Freunden immer wieder, dass der American Dream auch in Ländern wie Deutschland existiert. So oft hört man Leute sagen: „Es ist doch viel zu spät …“ But are you sure, girl? Christan Dior gründete sein Unternehmen erst mit 41 und Chaleo Yoovidhya legte den Grundstein für seine Erfolgsfirma Red Bull mit 53! Auch Schauspieler wie Viola Davis, Alan Rickman und Melissa McCarthy hatten ihren Durchbruch erst in ihren 40ern. Sie sind der Beweis dafür, dass man nicht in den Grenzen traditioneller Karrierewege gefangen bleiben muss.

In unserer Gesellschaft gibt es dieses ungeschriebene Mantra: Um erfolgreich zu sein, müsse man sich anpassen und in die Fußstapfen derer treten, die vor einem kamen. Doch es waren schon immer gerade die, die sich trauten, gegen den Strom zu schwimmen, die die Welt veränderten. Heutzutage brauchst du nur eine Idee und eine Kamera und bist bestens gewappnet, um auf Social Media einen Side Hustle oder sogar eine ganze Karriere aufzubauen. YouTube hatte den Weg geebnet, doch TikTok, Twitch und viele andere Plattformen, die aus dem digitalen Boden schossen, sprengten alle Dämme.

Plötzlich stand eine ganze Generation von Influencern im Rampenlicht – Menschen, deren Namen über Nacht zu Marken wurden und deren Leben sich in Echtzeit vor Millionen von Augen abspielte. Hätte ich mich nicht getraut, mich ihnen anzuschließen, hätte ich weiterhin in meinem sterilen Büro in Mailand gesessen und fremde Marken gemanagt, statt meine eigene zu kreieren.

Für mich gab es keine Blaupause für den Erfolg in dieser neuen digitalen Welt – keine genaue Anleitung oder Garantie. Was zählte, waren Mut, Kreativität und der Wille, Konventionen zu hinterfragen und das Bestehende auf den Kopf zu stellen. Ich wollte Spuren hinterlassen und etwas erschaffen, das größer war als ich selbst.

Du kannst das auch.

06
KAPITEL

BORN THIS WAY

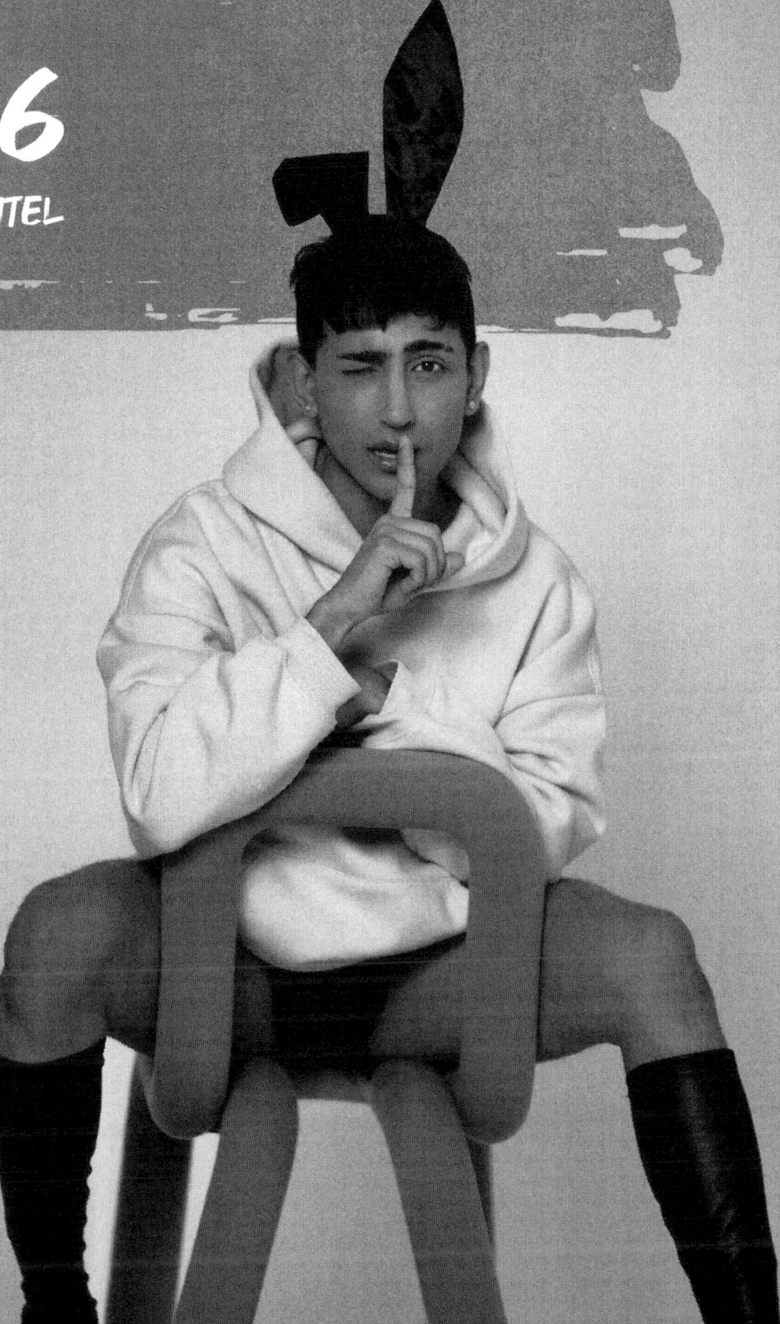

Während ich mir meine Social-Media-Karriere aufbaute, merkte ich zunehmend, wie sehr mir das Versteck, das ich mir jahrelang für den schwulen Ken geschaffen hatte, mental zum Verhängnis wurde. Durch meine erhöhte Medien-Präsenz konfrontierten mich immer mehr Zuschauer mit der Frage nach meiner Sexualität. In jedem Livestream war die am häufigsten gestellte Frage eine, die mich seit meiner Schulzeit verfolgte: „Bruder, bist du schwul?"

Dabei wollte ich doch für meinen Humor, meine Comedy geschätzt werden und wünschte mir, dass das Thema einfach keine Rolle dafür spielen würde, wie meine Zuschauer mich wahrnehmen. Während ich deshalb an manchen Tagen versuchte, gar nicht darauf einzugehen, wurde der Druck in anderen Momenten so groß, dass ich das Ganze mit einem kurzen Nein abhandelte. Aber gut ging es mir damit nie, denn ich verleugnete jedes Mal mich selbst. Und sie ließen nicht locker. *Wenn ich jetzt nicht ehrlich bin, dann werde ich für immer eine Lüge leben müssen.*

Das Coming-out-Desaster

Nach meiner endgültigen Rückkehr aus Mailand Anfang 2021 suchte ich mir in meiner Heimatstadt Köln eine eigene Wohnung, in der ich in Ruhe meine Videos drehen konnte. Natürlich bedeutete das nicht, dass ich meine Zeit nur noch dort verbrachte und seitdem die Wohnung meiner Eltern nicht mehr betreten habe. Dazu war unser Band viel zu eng.

Als ich eines Abends bei meinen Eltern in meinem alten Kinderzimmer saß und mal wieder durch YouTube scrollte, sah ich plötzlich ein Video. „Coming Out To My Mum" stand im Titel. Natürlich klickte ich sofort drauf. Der YouTuber JustCaan, der ebenfalls aus einem eher traditionellen Haushalt stammte, hatte gefilmt, wie er sich vor seiner türkischen Mutter outete. Das Video war nervenaufreibend und zugleich herzergreifend schön anzusehen.

Zu Beginn zeigte er, wie akzeptierend seine Freunde waren. Alle reagierten auf

sein Coming-out, als wüssten sie nicht einmal, wieso seine sexuelle Orientierung für sie eine Rolle spielen sollte, und betonten, wie sehr sie ihn als Mensch schätzten und liebten. Auch als er sich vor seiner Mutter outete, akzeptierte sie dies voll und ganz. Der Umstand, dass er schwul war, interessierte sie so gut wie gar nicht. Sie war vielmehr aufgebracht darüber, dass er sich ihr nicht schon früher anvertraut, sondern stattdessen die ganzen Sorgen allein mit sich herumgetragen hatte.

Sie begann sogar zu weinen, weil sie sich für eine schlechte Mutter hielt, nachdem Can ihr beichtete, dass er Angst davor gehabt hatte, nicht akzeptiert zu werden und seine Mama zu enttäuschen. Statt ihn zu beschimpfen, zählte sie auf, weshalb sie stolz auf ihn war, und versicherte ihm, dass seine Sexualität nicht das Geringste daran ändern würde. Spätestens bei ihrem „Du bist mein Kind, du bist mein Prinz!“ brachen bei mir die Dämme.

Ich hatte das Video damals noch einige Zeit sacken lassen, aber mit jedem Tag wurde mir bewusster, dass ich auf Dauer nicht umhinkommen würde, mich bei meinen Eltern und meinem gesamten Umfeld zu outen. Natürlich unterstützten sie mich, so gut sie konnten, aber bisher hatte ich alles getan, um zu verhindern, dass sie wirklich über *alles* Wichtige in meinem Leben Bescheid wussten. Das wollte ich nun ändern. Und was wäre besser geeignet, um nicht nur bei meinen Eltern, sondern im Nachhinein auch bei meinen Followern die Karten auf den Tisch zu legen?

Klar, es gab schon immer einige Coming-out-Videos auf YouTube, aber viele davon richteten sich vor allem direkt an die Community. Cans Video war das erste Mal, dass ich ein Coming-out wirklich scheinbar live miterleben und sehen konnte, wie so etwas abläuft.

In meinem privaten Umfeld kannte ich bislang niemanden, der sich vor seiner Familie oder seinen Freunden geoutet hatte, weshalb ich mir unsicher war, wie ich mein Vorhaben umsetzen sollte. Ich wusste aber, dass meine Eltern die ersten Familienmitglieder werden sollten, bei denen ich meinen Plan in die Tat umsetzen wollte. Sie waren für mich der wichtigste Teil meines sozialen Umfelds und sind es bis heute noch. Ihnen mein wahres Ich zu zeigen, hatte für mich deswegen nun oberste Priorität. Optimistisch sagte ich mir: *Meine Eltern lieben mich und haben mich bisher immer ermutigt, meinen Weg zu gehen. Außerdem ist meine Sexualität bestimmt nichts Überraschendes. Bestimmt haben sie das eh schon vermutet und sie werden das safe akzeptieren.*

Can hatte mich inspiriert, mich meiner größten Angst zu stellen. Ich wollte das Gleiche tun: ein Coming-out-Video drehen und andere Queers dadurch ermutigen. Mein Ziel war es, Verständnis und Akzeptanz in Bezug auf Homosexualität zu fördern und andere bei ihrem Coming-out zu unterstützen. *Wenn ich nur einer einzigen Person helfen kann, dann hat sich das Video schon gelohnt.* Ich hatte mir schließlich vorgenommen, dass ich nicht nur ein Influencer mit einer großen Reichweite werden, sondern auch die Welt bewegen würde. Wenn sich schon tagtäglich Millionen von Menschen mein Gesicht auf ihren Displays ansahen, dann konnte ich auch eine Message hinterlassen und die Gesellschaft positiv beeinflussen.

Da ich trotz meiner Wohnung nach wie vor den Großteil der Woche bei meinen Eltern verbrachte, beschloss ich, mich dort bei ihnen zu outen. Ich stellte also in einem unbeobachteten Moment meine Kamera in den Wohnzimmerschrank gegenüber der Couch und bereitete alles vor, damit die Aufnahme perfekt werden würde. Ich malte mir aus, wie ich meinen Eltern erzählte, dass ich auf Männer stand. Wie sie mich umarmen und mir versichern würden, dass sie es schon immer geahnt hätten und das natürlich nichts daran ändern würde, wie lieb sie mich hatten.

Als ich meine Eltern zu einem Gespräch ins Wohnzimmer bat, ahnte ich aber schnell, dass alles ganz anders kommen würde, als ich es mir vorgestellt hatte. Die Luft war zum Schneiden dick und aus irgendeinem Grund war gerade mein Papa von Anfang an total nervös. *Weiß er etwa schon, worum es geht? Hat er mein Geheimnis schon längst herausgefunden?* Er spielte mit seinen Händen, während meine Mama stoisch geradeaus blickte. Keiner wagte es, auch nur ein Wort zu sagen, weshalb wir eine quälende Minute lang nur unangenehm schweigend nebeneinandersaßen.

„Also", begann ich, „wir haben uns heute hier versammelt, um ..." Ich setzte zu einer Pause an, merkte aber schnell, dass sie weiterhin nichts sagen würden. „Nein, Spaß. Ich muss mit euch reden."

Meine Mama starrte mir jetzt in die Augen, mein Papa auf den Boden.

„Ihr wisst ja, ihr fragt mich oft nach einer Freundin oder wann ich denn endlich eine Frau mit nach Hause bringen und heiraten werde. Und ich weiß, dass ihr euch auch Enkelkinder wünscht."

Die Augenbrauen meiner Mama schossen in die Höhe, mein Papa sah mit leerem Blick wieder auf.

„Und es stört mich ehrlich gesagt, dass ihr das irgendwie so wichtig nehmt. Ich verstehe, warum euch das so viel bedeutet, aber ihr setzt mich damit mega unter Druck und tut so, als ob es nichts Wichtigeres geben würde. Wisst ihr, der Job als Content Creator läuft ziemlich gut, meine Videos auf TikTok kommen immer besser an. Ich meine, das ist doch voll cool, finde ich."

Ich seufzte. Ich hatte mir in diesem Moment irgendeine Form der Zustimmung erwartet. „Hey, Ken, so war das nicht gemeint, wir sind natürlich stolz auf dich und das, was du alles erreicht hast. Eine Frau ist da nur ein Bonus!" Oder etwas in der Richtung. Stattdessen herrschte weiterhin Stille.

„Und wegen der Frau muss ich euch sagen, na ja ... Ich stehe auf ... Männer. Mama und Papa ... Ich bin schwul." Wenn das ganze Gespräch zu Beginn unangenehm gewesen war, herrschte spätestens jetzt Eiszeit. Keine Spur von Emotionen. Die Zeit schien stillzustehen. Hast du den Film *Oppenheimer* gesehen? Dann weißt du, wie schrecklich lang sich Stille anfühlen kann, während man auf die Explosion wartet.

Das Einzige, was ich noch spürte, fast schon hörte, war mein viel zu schnell schlagendes Herz, das gerade mit aller Kraft versuchte, aus meinem Brustkorb zu springen und sich auf und davon zu machen. Offensichtlich hatte ich die Reaktion meiner Eltern falsch eingeschätzt. *Habe ich einen Fehler gemacht?*

„Warum sagt ihr nichts?", fragte ich flehend in der Hoffnung, ich würde doch noch irgendeine Form des Zuspruchs erhalten. Ich konnte im Gesicht meines Papas allerdings sehen, dass seine Antwort – wenn denn eine kommen würde – gar nicht gut ausfallen würde. Klar, er kommt aus einem Land, in dem Sexualität in den Lehrbüchern der Schulen ausgelassen oder sogar als etwas Negatives angesehen wird. *Trotzdem bin ich doch noch sein Kind, derselbe Ken, der ich auch vor ein paar Minuten noch war.*

Er wandte den Blick von mir ab und schüttelte leicht den Kopf, während er sich mit seinen Händen über das Gesicht fuhr.

Immer noch nichts.

Hätte ich das anders sagen sollen? War ich zu harsch in meiner Wortwahl? Hätte ich bei meinem Outing mehr Rücksicht auf meine Eltern nehmen müssen?

Meine Mama unterbrach den Gedankenschwall und fragte auf Hindi[7]: „Du stehst auf Männer, was bedeutet das? Bist du jetzt eine Frau?" *Bitte was? Davon habe ich doch gar nichts gesagt! Hören die mir überhaupt zu?* Ich brauchte einen Moment, um zu realisieren, was gerade geschehen war.

„Nein, Mama, ich bin keine Frau. Ich bin nur ... schwul", erwiderte ich ungläubig, dass ich das gerade wirklich erklären musste.

„Aber wie meinst du das, du bist schwul?" Auch meine Mama war zunehmend irritiert. „Willst du jetzt High Heels und Perücken anziehen und in der Öffentlichkeit Lippenstift tragen?"

7 In dem Gespräch wechselten wir immer wieder zwischen Deutsch und Hindi. Ursprünglich hatte ich für meine Viewer Untertitel einblenden wollen. Hier habe ich der Lesbarkeit halber aber einfach alles übersetzt.

Ich dachte einen Moment lang echt, sie würde sich über mich lustig machen. „Was haben High Heels, Lippenstift und Perücken mit meiner Sexualität zu tun? Und selbst wenn ich morgen Lust hab, in High Heels das Haus zu verlassen – so what! Aber darum geht's hier doch gar nicht, Mama. Fakt ist: Ich bin ein Mann und ich mag eben Männer."

„Ja, okay. Das hast du jetzt oft genug gesagt. Trotzdem. Was willst du damit sagen, dass du Männer *magst*?" Ihr Blick wich meinem immer wieder aus.

Wir traten auf der Stelle. Mein rührendes, wärmendes Coming-out-Video-Projekt war gescheitert. Ich wusste in dem Moment einfach nicht mehr, wie ich es ihr anders hätte umschreiben können, da ich überhaupt nicht darauf vorbereitet gewesen war, dass das notwendig werden könnte.

„Das heißt, dass ich, wenn überhaupt, keine Frau heiraten werde, sondern einen Mann. Ich werde mit ihm zusammensein und dann werden wir zusammenwohnen. Alles, von dem du dachtest, dass ich es mit einer Frau erleben würde, möchte ich lieber mit einem Mann erleben. Weil ich eben schwul bin." Mit dieser sehr direkten Ansage dürfte ich sie ziemlich vor den Kopf gestoßen haben, denn sie schüttelte diesen nur und sagte gar nichts. *Immerhin hat sie jetzt verstanden, was ich gemeint habe. Hoffentlich.*

Doch schon kurz darauf löcherte sie mich mit weiteren Fragen. „Das heißt, du wirst nie eine Frau heiraten?" *Ja, Mama, das habe ich doch gerade gefühlt tausendmal gesagt.*

„Das heißt, du wirst nie Kinder kriegen? Wir werden nie Großeltern werden?" *Nein, Mama, darüber habe ich gar nichts gesagt. Auch homosexuelle Paare können Eltern werden, wenn sie das wollen.*

Dass ich mich jetzt erklären musste, entsprach überhaupt nicht dem, was ich mir von meinem Coming-out erhofft hatte. Stattdessen entwickelte sich das Ganze immer mehr in Richtung Aufklärungsunterricht.

Nachdem meine Mama und ich in etwa zehn Minuten den gefühlt längsten Dialog meines Lebens geführt hatten, tauchte auch mein Papa wieder aus den Tiefen seiner Gedanken auf, sah mich an und sagte ohne jede Regung: „Ken, das, was du da machst, ist scheiße."

Ich brauchte erst mal ein paar Sekunden, um diesen Satz zu verarbeiten. *What the actual fuck?! Sorry, Papa, dass ich so bin, wie ich bin! Ist nicht so, als hätte ich mir das ausgesucht. In meinem nächsten Leben werde ich dann hoffentlich der perfekte Sohn, nur damit DU glücklich bist!* Ich war sprachlos. Dieses Coming-out ähnelte mit jeder Minute mehr meinen schlimmsten Albträumen.

Auch meine Mama setzte wieder ein und erklärte mir, wie traurig sie meine „Entscheidung" machen würde. Das traf mich mitten ins Herz. Ich hatte mich so lange zusammengenommen, aber nun konnte ich das alles nicht mehr still ertragen.

Abrupt stand ich auf und schrie sie an: „Ganz ehrlich, ihr könnt mich mal!" Dann knallte ich die Wohnzimmertür hinter mir zu und lief weinend in mein Zimmer. *Kann ich nicht einfach normale Eltern haben, die zumindest im 21. Jahrhundert angekommen sind? Die Eltern meiner Freunde hätten ihnen sicher gesagt, dass sie sie supporten, egal worum es geht.* Selten zuvor war ich so frustriert gewesen. Ich war wütend, verletzt und fühlte mich, als hätten sie sich überhaupt keine Mühe gegeben, mich zu verstehen.

Zugegeben, war nicht die netteste Reaktion, doch meine Emotionen überwältigten mich einfach. Natürlich hatte ich sie nicht enttäuschen oder verletzen wollen. Dann wich die Wut langsam der Angst. Ich weinte hemmungslos, wusste nicht, wie es für mich nun weitergehen würde. Hatte ich die Beziehung zu meinen Eltern mit diesem Gespräch endgültig zerstört?

Wahrscheinlich konnte man mich im ganzen Wohnblock schluchzen hören, als meine Mama ins Zimmer kam.

„Ken ..." Ihre Stimme war sanft und vorsichtig. Als ich mich nicht rührte, setzte

sie sich zu mir aufs Bett. Meine Augen waren mittlerweile angeschwollen und brannten. Ich konnte sie in dieser Situation einfach nicht ansehen. Es gab nichts, was ich ihr noch hätte sagen wollen. Um mich zu beruhigen, sagte sie mir, dass alles in Ordnung sei. Das tat sie immer, wenn sie merkte, dass es mir schlecht ging.

Aber für mich war diesmal eben nicht alles in Ordnung.

„Du verstehst das nicht, Mama. Mich hat das schon so lange belastet. Und dann erzähle ich es euch und alles, was ich kriege, ist so eine Reaktion", presste ich unter Tränen hervor. Daraufhin sprach sie das aus, was ich die ganze Zeit über hatte hören wollen. „Wir kriegen das alles hin", versicherte sie mir und dass sich unsere Beziehung auch nach meiner Enthüllung nicht ändern würde. Ich wollte mich in diesem Moment einfach nur sicher fühlen und zerfloss in ihrer Umarmung. *Vielleicht können sie es ja doch akzeptieren?*

Nachdem ich mich wieder ein wenig beruhigt hatte und die Tränen langsam versiegten, bat sie mich jedoch: „Weißt du was, Ken, es ist mir egal. Mach, was du willst. Aber erzähl bitte unseren Verwandten nicht davon. Das sollte keiner mitbekommen." *Come on ... Das ist jetzt nicht ihr Ernst! Schämen sich meine Eltern etwa für mich? Oder wollen sie uns nur vor Gossip bewahren? Trotzdem, ich oute mich doch nicht, um es allen anderen weiterhin zu verschweigen.*

Am liebsten hätte ich direkt wieder zu weinen begonnen, aber mein Körper war schon so erschöpft, dass ich mich wie betäubt fühlte. Ich starrte die Wand an, bis die Punkte darauf verschwammen.

„Bitte geh jetzt einfach", entgegnete ich, entzog mich jeglichem Körperkontakt und wandte mich von ihr ab. Sie zögerte und wollte mich noch einmal am Arm anfassen, doch meine Wut war zurückgekehrt. „Ich mein es ernst. Verschwinde. Lass mich allein!" Ich glaube, dass sie in diesem Moment erst realisiert hat, wie sehr sie mich mit ihren Worten verletzt hatte. Sie stand auf und verließ das Zimmer. Meinen Papa bekam ich den restlichen Tag nicht mehr zu Gesicht.

Die Kamera hatte ich über die Auseinandersetzung ganz vergessen. Als ich sie später holte, um ein Video für TikTok aufzunehmen, löschte ich die Aufnahme meines Outings, ohne sie mir anzusehen. *Das muss ich mir nicht noch einmal geben.*

Anstatt ewig Trübsal zu blasen, hoffte ich, dass ich zumindest bei meinen Freunden Erleichterung finden konnte. So verheult, wie ich aussah, wollte ich das Haus jedoch nicht verlassen, weswegen ich mich zum Zocken verabredete. Wir spielten mehrere Runden *League of Legends* und ich versuchte, das Drama des Nachmittags einfach zu verdrängen.

TAKEAWAY

In so einer Situation kann es unfassbar hilfreich sein, seine Sorgen und seine negativen Gedanken anzusprechen. Wenn du das Gefühl hast, dass deine Eltern dafür nicht die beste Anlaufstelle sind, dann sprich mit Freunden oder anderen Verwandten darüber, statt zu versuchen, alles allein zu bewältigen. Mit einer guten Unterstützung lösen sich Probleme viel leichter. Wenn du dich niemandem persönlich anvertrauen möchtest, kann es helfen, deine Gedanken oder Sorgen auf einem Blatt Papier aufzuschreiben.

Als ich am Tag nach meinem Outing-Versuch in die Küche ging, um etwas zu essen, hatte meine Mama bereits das Frühstück zubereitet. Mein Papa saß mit einer Zeitung in der Hand auf seinem Lieblingsstuhl.

„Kaffee?", fragte Mama, doch ich schüttelte nur irritiert den Kopf. „Ich habe dir deine Lieblingsbrötchen aufgebacken. Kürbiskernbrötchen. Stehen schon auf dem Tisch."

Was geschieht hier gerade? Soll das ihre Version einer Entschuldigung sein? Verunsichert setzte ich mich und wartete, bis einer der beiden den Elefanten im Raum ansprach.

„Hast du schon gesehen, sie haben das Grundstück gegenüber der Straße jetzt verkauft. Irgendein Investor aus weiß-nicht-wo. Die reißen das alte Haus bestimmt ab und bauen da einen Wohnblock hin." Belangloser hätte Papas Kommentar kaum sein können. Meine Mama tat allerdings ebenso, als wäre nicht das Geringste geschehen.

Ein bisschen komisch hat sich das schon angefühlt, aber irgendwie war ich auch erleichtert. Mein Coming-out schien keinen großen Einfluss auf unsere persönliche Beziehung, unsere Nähe zueinander gehabt zu haben. Vielleicht hatte meine Mama sogar Angst, dass ich mich jetzt ganz von ihnen entfernen und endgültig ausziehen würde.

„Na, wann hast du vor zu heiraten? Also ein Mädchen aus Indien?" Ein leichtes, ironisches Lächeln legte sich über ihre Lippen. *Great joke, mum.* Klar, auch wenn ihre Liebe zu mir überwog, hätte sie es vorgezogen, wenn ich einfach nur hetero wäre. Um damit fertig zu werden, setzte sie auf Humor. Das war ihre Verarbeitungsstrategie, das hatte ich jetzt auch gecheckt.

Statt mich aufzuregen, sagte ich deswegen nur: „Die Wunde ist noch frisch, Mama", woraufhin mein Papa blitzschnell das Thema wechselte.

Leider blieb das nicht die einzige Bemerkung in diese Richtung. Als meine sie etwa zwei Wochen später am Esstisch meinte: „Kenneth, Oma hat gestern Abend aus Kanada angerufen und gefragt, ob du schon eine Freundin gefunden hast. Gibt's ein Update?", platzte mir endgültig der Kragen.

Ehe ich mich's versah, landete mein Löffel an der gegenüberliegenden Wand. Auf dem Weg nach draußen knallte ich die Tür zu, so laut ich konnte.

Während ich auf meinem Bett saß und versuchte, mit meiner Wut irgendwie umzugehen, hörte ich meine Eltern in der Küche streiten.

„Hey, was soll das? Warum sagst du so was? Du weißt genau, dass es ihn nervt!" Mein Papa klang aufgebracht, aber meine Mama beschäftigte etwas anderes:

„Was haben wir bitte falsch gemacht?! Wir haben unsere Söhne doch gut erzogen, oder etwa nicht?" *Na toll, sie hat immer noch nicht verstanden, dass meine Homosexualität nichts mit ihr zu tun hat.* Man lernt nicht, schwul zu sein. Man entscheidet sich nicht dazu. Man ist es halt.

Doch obwohl ich unfassbar wütend auf meine Mama, mich und die gesamte Situation war, war ich zeitgleich froh darüber, dass meine Eltern sich endlich über das Thema unterhielten, statt es totzuschweigen. Ich war sogar erleichtert, dass mein Papa versucht hatte, meine Mama zu beruhigen. Er schien so langsam zu respektieren, wie ich bin. *Hoffentlich wird Mama es auch bald verstehen ...*

TAKEAWAY

Vielleicht sitzt du ja auch mal auf der Seite meiner Eltern oder jemand anderes outet sich vor dir. Ich verstehe natürlich, dass so ein Outing gerade für ältere Generationen oder für Personen aus einem konservativen Haushalt ein Schock sein kann und dann auf beiden Seiten die Überforderung groß ist. Auch für meine Tanten ist es aufgrund ihrer mangelnden Auseinandersetzung mit queeren Realitäten schwierig, sich empathisch in mich einzufühlen.

Stell dir vor, ein Familienmitglied outet sich bei dir, nachdem du es jahrelang mit deinen Hetero-Vorstellungen von einem perfekten Leben belehrt hast. Dann kommst du dir vermutlich ganz schön blöd vor, oder? Zwar war hinter all deinen Handlungen keine böse Intention, aber trotzdem hast du dein Familienmitglied unnötigem Stress und Druck ausgesetzt. Vielleicht hast du sogar dafür gesorgt, dass es sich von dir distanziert und Mauern um sich herum aufbaut, weil es sich von dir nicht akzeptiert fühlt.

Dementsprechend fällt das Outing auch der queeren Person schwerer und sie hat vielleicht das Gefühl, dir nicht vertrauen zu können. Wenn es so weit ist, ist die Angst groß. Eine Lose-Lose-Situation für beide. Selbst die schönste gemeinsame Zeit nach dem Outing wird den Stress in der Zeit davor nicht ungeschehen machen.

Was ich damit sagen will: Bitte reagiere in so einer Situation so unterstützend und verständnisvoll du kannst, um dein Gegenüber nicht zu verletzen. Auch, wenn du nicht alles verstehst. Schließlich erzählt dir gerade jemand von einem der größten Geheimnisse seines Lebens. Einfach nur wen zu haben, der zuhört und dann kurz und knapp versichert, dass alles in Ordnung ist, kann so einen großen Unterschied machen und ist oft alles, was man sich wünscht und braucht.

Wild und durcheinander Fragen zu stellen, ist da fehl am Platz. Wenn du dich wirklich dafür interessierst oder manches nicht sofort Sinn ergibt (was total legitim ist), dann hebe dir das für einen späteren Zeitpunkt auf. Das Outing ist nicht der richtige Moment, um sich über queere Themen informieren zu lassen. Verständnisvolle Worte und Gesten sind das Einzige, womit du helfen kannst.

Falls du dir noch weitere Tipps holen möchtest, dann kannst du den QR-Code einscannen und dich auf der verlinkten Website weiter belesen. (Die ist zwar zum Zeitpunkt der Veröffentlichung auf Englisch, aber Google Übersetzer hilft dir bestimmt, falls es Verständnisprobleme gibt)

Du siehst also: Meine Coming-out-Story bei meiner Familie verlief alles andere als reibungslos. Mittlerweile kann ich darauf mit einem lachenden und einem weinenden Auge zurückblicken. Hin und wieder kommt mir das Ganze absolut surreal vor und ich kann nicht glauben, dass das wirklich so passiert ist. Trotzdem bereue ich es nicht, denn es war einer der wichtigsten Momente meines Lebens.

Ich habe in dieser Zeit viel über mich und darüber, wie ich mein restliches Leben verbringen will, gelernt. Das Ganze war für mich ein Prozess, der schon in Südkorea eingesetzt hat und sich noch immer entfaltet. Im Endeffekt war es der Startschuss zu einem Leben in Deutschland, in dem ich mich nicht mehr verstecken musste. Das allein war das emotionale Drama schon wert. Dennoch hoffe ich, dass meine Eltern im Nachhinein verstehen, dass ich mir diese Situation ganz anders vorgestellt hatte und ich eigentlich nicht viel von ihnen brauchte. Rückhalt, Empathie und ein aufrichtiges Interesse an meinem „neuen" Leben als schwuler Mann waren alles, was ich mir wünschte. Natürlich ist aber jedes Coming-out wie du und ich. Einzigartig.

Der Lichtblick: Seit sie es verarbeitet hat, hat meine Mama nie wieder solche taktlosen Kommentare gemacht. Im Gegenteil, sie suchte immer wieder das Gespräch mit mir, um besser zu verstehen, was in meinem Kopf vorging und was sich für mich veränderte. Ich erzählte ihr, wie befreit ich mich fühlte und wie froh ich war, dass mich meine Eltern nun endlich wirklich kannten.

Sie erklärte mir, sie sei während meines Outings total verwirrt gewesen. Ihr Problem mit der Situation lag vor allem darin begründet, dass sie einfach nicht wusste, was das Wort „schwul" überhaupt bedeutete, und deswegen nicht einschätzen konnte, was das für Konsequenzen haben würde. Ehrlich gesagt glaube ich, dass sie das Ganze bis heute immer noch nicht ganz verstanden hat, doch obwohl sie mich mit ihren Fragen und ihrer Unwissenheit manchmal immer noch an den Rand der Verzweiflung bringt, zeigt das auch, wie sehr sie meine Perspektive interessiert.

Tief im Inneren glaube ich, dass mein Papa schon sehr lange von meiner Sexualität gewusst hatte. Ich erinnere mich, dass ich schon als 13-Jähriger „nackte Männer" googelte. Typisch neugieriger, pubertierender Teenager halt. Während ich mich danach für einen Mitternachtssnack in die Küche schlich, ging mein Papa in mein Zimmer, wo nämlich der Drucker stand – frag mich nicht, warum –, um ein paar wichtige Dokumente für seine Arbeit zu drucken.

Als ich dann wieder zurück war, bemerkte ich, dass ich vergessen hatte, meine Tabs zu schließen. Konnte ja auch keiner ahnen. Obviously hatte mein Papa diese nun gesehen, die Tabs aber nur minimiert, statt sie vollständig zu schließen. *Er hat die Ergebnisse meiner Google-Suche also registriert. #fck*

Der Albtraum jedes Teenagers: wenn der eigene Verlauf geleaked wird, lol. Mein Papa verließ anschließend stillschweigend den Raum – gesprochen haben wir darüber nie, aber vielleicht war das einer der Gründe, warum er nicht wirklich überrascht war und schneller Verständnis zeigte als meine Mama.

Wo früher die Angst war, dass die Beziehung zu meinen Eltern vollständig abbrechen und ich nie wieder Kontakt zu meiner Familie haben würde, weiß ich heute, dass ich, egal worum es geht, immer auf meine Eltern zählen kann. Auch wenn es einiges an Offenheit und Kommunikation von beiden Seiten benötigt hat.

Wenn zwei Welten aufeinandertreffen

Im Nachhinein betrachtet, hätte ich sicherlich mein Coming-out besser planen können. Ich wünschte, ich hätte mir vorher Gedanken über die Kultur meiner Eltern und ihren Wissensstand gemacht, um sie genau dort abzuholen. Dann hätten wir vielleicht schneller einen gemeinsamen Konsens gefunden und ich hätte mich nicht so unverstanden und abgewiesen gefühlt.

Insbesondere in Bezug auf Themen wie Sexualität, Ehe und Lebensstil unterscheidet sich die modernere europäische Kultur deutlich von den Gesellschaften des Nahen Ostens, wie dem Iran oder Afghanistan. Nicht selten musste ich mir von meinem Papa anhören, wie westlich wir Kinder seien und dass die Kinder in Afghanistan (im Gegensatz zu uns) noch das Wort „Respekt" kennen würden, bla bla bla.

Dabei haben schließlich meine Eltern, nachdem sie vor etwa 40 Jahren über Indien nach Deutschland gekommen sind, entschieden, dass ihre Kinder als deutsche Bürger aufwachsen werden und haben sich auf dieser Basis viel Mühe gegeben, Deutschland als ihre neue Heimat anzunehmen. Konventionen, die für sie lange als unumstößlich galten, sind für mich deswegen oft nur Relikte vergangener Zeiten.

Natürlich darf man aber nicht vergessen, woher meine Eltern kommen. Beide sind inmitten des Sowjetisch-Afghanischen Kriegs aufgewachsen. Während wir Kinder der neuen Generationen das Glück haben, darüber nachdenken zu können, wie wir unsere Ziele und Träume verwirklichen, hatten meine Eltern keine Zeit für solch einen Luxus. In dieser Zeit gab es für sie nur eine Priorität: Überleben.

Selbstentfaltung? Fehlanzeige!

Doch nicht nur der Krieg, auch die Kultur ihres Heimatlandes an sich prägte meine Eltern enorm. Vielleicht weißt du ja, dass in Afghanistan sehr konservative gesellschaftliche Normen vertreten werden und islamisches Recht dort teilweise sehr streng umgesetzt wird. Das führt auch dazu, dass das Thema Sexualität in Afghanistan im öffentlichen Raum quasi nicht existiert – und Homosexualität schon gar nicht. Dass meine Mama bis zu meinem Outing dem Wort „schwul" keine Bedeutung beigemessen hat, lag nicht daran, dass es in ihrer Muttersprache kein richtiges Wort für gleichgeschlechtliche Liebe gibt, sondern eher daran, dass es so gut wie nicht gebraucht wird.

Während du in Deutschland queere Menschen und – hold your breath – Sexszenen im Fernsehen oder in Kinofilmen siehst und im Pride-Monat alles in Regenbogenfarben leuchtet, werden all diese Dinge dort einfach unter den Tisch gekehrt. Sie werden selbst unter Freunden totgeschwiegen. Meinen Eltern wurde von Anfang an vermittelt: Sex dient der Fortpflanzung und kann damit nur zwischen einem Mann und einer Frau stattfinden. Ein anderer Lebensweg, als irgendwann einmal zu heiraten und Kinder großzuziehen, war überhaupt nicht vorstellbar.

Leider gehörte meine Familie als Hindus zu den Minderheiten in Afghanistan, die politisch verfolgt wurden. Meine Verwandten konnten ihre Religion nur verdeckt ausleben und mussten dabei jedes Mal um ihre Freiheit, wenn nicht sogar ihr Leben fürchten. Der jüngste Bruder meiner Mama wurde aufgrund seines Glaubens mit nur 15 Jahren ermordet. Meinen Onkel habe ich also nie kennenlernen dürfen. Alles, was meine Eltern immer wollten, war deswegen, ihren Kindern einmal ein besseres Leben zu ermöglichen. Ein Leben ohne Sorgen und Ängste.

Gerade mein Vater hat nach seiner Ankunft relativ schnell verstanden, wie das Leben in Deutschland läuft und dass Homosexualität hier normal ist, da das Thema Sex hier in Deutschland viel freier und offener kommuniziert wird. Alte Grenzen werden eingerissen (Stichwort: Sex vor der Ehe) und Dating-Apps und Online-Plattformen vereinfachen das Kennenlernen potenzieller Partner. Eine langfristige Bindung einzugehen ist dabei nicht mehr unbedingt Ziel Nummer Eins und unterliegt immer weniger dem gesellschaftlichen Druck.

Auch der amerikanische Lebensstil und die Einflüsse aus Hollywood haben einen großen Einfluss auf die Werte und Normen der westlichen Welt. Der Traum von Erfolg, Reichtum und persönlicher Freiheit prägt viele Menschen in ihrer Lebensweise und ihren Zielen. Individualismus und Selbstverwirklichung stehen im Mittelpunkt vieler Lebensentwürfe.

Meine Mama konnte durch das Trauma der Fluchterfahrung lange den Gedanken an ihre ehemalige Heimat und die Anpassung an das Leben in Deutschland nicht richtig an sich heranlassen. Sie besuchte zwar Deutschunterricht, doch die Integrationskurse zu der Zeit waren noch lange nicht ausgereift. Auch wenn sie zum Beispiel im Fernsehen eine Drag Queen gesehen hat, dann war das für sie einfach eine Art der Verkleidung, und die Regenbogenflagge stand für sie eben für genau das: den Regenbogen. Auch über die neuen Möglichkeiten, die die deutsche Gesellschaft ihr bot, machte sie sich nie Gedanken. Sie stellte nie infrage, ob sie die Rolle der Hausfrau und Mutter weiterhin ausfüllen wollte.

Natürlich war das Ganze für sie eine enorme Umstellung. Stell dir vor du kennst eine Person seit der Geburt in- und auswendig. Und plötzlich erfährst du etwas, was dich ins Grübeln darüber bringt. Denn offensichtlich wusstest du doch nicht alles über sie. Wie hatte sie ein so großes Geheimnis ihr ganzes Leben lang vor dir verbergen können?

Noch schlimmer ist das Ganze, wenn dein Sohn dir etwas offenbart, von dem du noch nie gehört hast und das du auch gar nicht wirklich verstehst, da es so weit von dem entfernt liegt, was du kennst, dass du es dir gar nicht wirklich vorstellen kannst. Das bringt schon mal das gesamte Weltbild durcheinander.

Ich hingegen musste in dieser Situation lernen, dass die Reaktion anderer auf das, was ich ihnen sage, nichts mit mir selbst zu tun hat.

Diese kulturelle Kluft ist natürlich kein Phänomen, das nur meine Familie betrifft. Wenn du auch in einer Familie mit Migrationshintergrund aufgewachsen bist, dann hast du bestimmt ebenfalls hin und wieder mit kulturellen Missverständnissen oder Vorurteilen im Alltag zu kämpfen.

Während meine Eltern sich aufgrund ihrer verinnerlichten Kultur erst an das Thema Homosexualität herantasten mussten, gibt es auch Familien, die ihre Religion als Argument für eine Ablehnung queerer Personen heranziehen. Eine ehemalige Freundin aus Köln-Worringen, nähe Chorweiler, meinte nach meinem öffentlichen Outing zu mir, sie könne nicht mehr mit mir befreundet sein. Ihre Eltern sind strenggläubige Muslime und hatten mein Outing-Video (dazu im nächsten Kapitel mehr) auf TikTok gesehen. In ihren Augen ist gleichgeschlechtliche Liebe „haram". Erinnerst du dich an den Begriff? Mein Mitschüler Finn hatte in der Bio-Stunde ja auch damit um sich geworfen.

Die häufigste Bedeutung von *haram* im Sinne einer religiösen Vorschrift ist „verboten" oder „unrechtmäßig". Es ist richtig, dass viele traditionelle, muslimische Gelehrte Homosexualität als Sünde betrachten und sich dabei auf bestimmte Passagen im Koran beziehen. Die Geschichte vom Volk Lots wird dafür oft als Beispiel herangezogen, obwohl dort nicht mal explizit die homosexuellen Handlungen angeprangert werden.

Es ist deswegen wichtig zu betonen, dass die Auslegung des Korans und auch die Deutung weiterer religiöser Texte immer von kulturellen, historischen und persönlichen Einflüssen geprägt ist. Es gibt auch muslimische Gelehrte und Gemeinschaften, die eine tolerantere Haltung vertreten und betonen, dass Liebe und Mitgefühl im Islam grundlegende Werte sind. Auch in den hinduistischen heiligen Schriften, den Veden, gibt es keine explizite Tabuisierung von Sexualitäten. Es ist daher immer sinnvoll, wenn man sich bei Fragen zur Haltung des Islams (oder anderer Religionen) gegenüber queeren Menschen nicht nur auf eine einzige Interpretation verlässt, sondern verschiedene Meinungen und Perspektiven berücksichtigt. Letztendlich liegt es an jedem Gläubigen, seine eigene spirituelle Reise zu gestalten und seinen Glauben im Einklang mit seinen Überzeugungen und Werten zu leben.

Ein Community-Mitglied hat seine eigene Erfahrung mit dem Leben in einem sehr religiösen Elternhaus gemacht. Scanne den QR-Code, um zur Story zu gelangen.

Queering the Map

Marginalisierte Menschen aus strengreligiösen Haushalten oder Staaten mit sehr konservativer Rechtsprechung haben es erfahrungsgemäß am schwersten, mit ihrer Sexualität transparent umzugehen. Mithilfe der communitybasierten Online-Plattform *Queering the Map* kann jeder in kurzen, anonymen Beiträgen seine persönlichen queeren Erfahrungen auf einer kollektiven, interaktiven Karte mit anderen Usern teilen, ohne sich einer Gefahr auszusetzen. Ein Atlas für queeres Leben.

Nach der Zuspitzung des Israel-Palästina-Kriegs im Oktober 2023 wurde die App außerdem zu einer Plattform für viele ortsansässige Queers, die ihre Geschichten aus erster Hand erzählen wollten, für den Fall, dass sie den Krieg nicht überleben würden. Diese Nachrichten haben mich echt mitgenommen, sind für mich aber gerade deswegen auch ein Reminder, wie viel Glück ich damit hatte, dass meine Eltern damals aus Afghanistan nach Deutschland geflohen sind. Wären sie dort geblieben, hätte ich meine Story vielleicht auch nur anonym in einem Online-Forum teilen können – ein eigenes Buch wie dieses wäre dort undenkbar.

Zwei der Posts haben sich tief in mein Gehirn eingebrannt. Ich saß an meinem Handy, hatte *Queering the Map* durch TikTok gerade erst entdeckt und las wie in Trance die Ausführungen der vielen queeren Menschen. Dann landete ich in Gaza bei dem Beitrag[8] eines Mannes, dessen Namen ich niemals erfahren werde.

Ich habe mir immer vorgestellt, wie wir in der Sonne sitzen, Hand in Hand, frei. Wir haben über all die Orte gesprochen, die wir noch besuchen wollen. Jetzt bist du weg.

Hätte ich gewusst, dass wir bald bombardiert werden würden und dich das aus meinem Leben reißen würde, hätte ich der Welt voll Freude erzählt, wie sehr ich dich geliebt habe. Es tut mir leid, dass ich mich nicht eher getraut habe.

8 Originaltexte auf der Website waren auf Englisch verfasst und sind der Verständlichkeit halber ins Deutsche übersetzt worden.

Es war und ist immer noch schön und schrecklich zugleich: Wie ein Mann trotz der grauenhaften Situation, in der er sich befand, dennoch an seiner Liebe festhielt – und wie ihm diese von den Bomben genommen wurde.

Ein anderer schrieb:

Ich weiß nicht, wie lang ich noch leben werde, aber ich möchte das noch loswerden, bevor ich sterbe. Was ich am meisten bereue, ist, dass ich diesen einen Jungen nicht geküsst habe. Er ist jetzt vor zwei Tagen gestorben. Wir haben uns erzählt, wie gern wir uns hatten, aber ich war zu schüchtern, um ihn zu küssen. Er ist durch die Bomben gestorben und ich glaube, ein Teil von mir ist mit ihm gestorben. Ich bin auch bald dran. Younus, ich werde dich im Himmel küssen.

Auch dieser Post ist anonym.

Ich konnte und kann immer noch nicht fassen, was ich dort gelesen habe. Die Geschichten der queeren Menschen in Gaza sind die traurigsten und tragischsten, die ich je gehört habe. Sie sind nicht das Werk irgendeines Poeten oder Schriftstellers, sondern die Realität. Und jeden Tag häufen sich solche Geschichten.

Egal ob im Kriegsgebiet in Gaza, in Afghanistan, Ägypten, dem Iran oder anderen Ländern: Queer zu sein bedeutet dort, jeden Tag einer zusätzlichen Gefahr ausgesetzt zu sein. Einer Gefahr, die nicht nur deine Psyche betrifft, sondern dein Leben fordern kann. *Queering the Map* erinnert mich immer wieder daran, dass ich trotz meiner schlimmen Erlebnisse unfassbares Glück hatte und dass es vor allem andere Leute mit solch tragischen Geschichten sind, wegen denen ich auf queere Themen, auf Toleranz und Respekt aufmerksam machen möchte.

TAKEAWAY

Wie kannst du als junger Mensch in Deutschland aktiv werden? Zunächst einmal: Bildung ist key. Informiere dich über die Geschichte der LGBTQIA+-Bewegung. Wissen ist Macht und macht sexy (zumindest intellektuell).

Dann: Engagiere dich! Ob du nun Teil der Community bist oder als Ally agierst – jede Hand hilft. Du könntest zum Beispiel bei lokalen LGBTQIA+-Organisationen mitarbeiten oder eigene Projekte starten. Wie wäre es mit einem Buchclub oder einer Filmnacht?

Wenn du nicht aus dem Haus gehen möchtest, gibt es online Möglichkeiten, um dich zu beteiligen. Social Media ist eine ideale Plattform für Aufklärungsarbeit. Wenn du gerne schreibst, kannst du aber zum Beispiel auch an queeren Online-Ratgebern mitarbeiten oder ehrenamtlich NGOs bei ihrem medialen Auftreten unterstützen.

Wenn du gerne im Nachtleben unterwegs bist, veranstalte doch mal eine Party speziell für queere Personen und schaffe damit einen Safe Space, in dem ihr gemeinsam miteinander reden, tanzen und feiern könnt. Erinnerst du dich an meinen Abend in den Homo Hills in Südkorea? Es gibt nichts Besseres als Gleichgesinnte auf einer Party zu treffen, die ähnliche Geschichten teilen und einander verstehen.

Wenn du dich nicht vor der Politik scheust und keine Probleme damit hast, mit anderen Menschen in Kontakt zu treten, kannst du auch direkt dort ansetzen, um die Welt ein kleines Stück besser zu machen. Oft kann schon ein einfacher Brief an entsprechende Politiker helfen, um zu zeigen, dass dir bestimmte Themen wichtig sind.

Und natürlich: Geh auf die Straße! Besuche die CSD-Paraden und -Veranstaltungen. Zeige Präsenz und Solidarität. Aber vergiss dabei nicht: Pride ist mehr als nur eine Party. Es geht darum, für Gleichberechtigung zu kämpfen und ein Zeichen gegen Diskriminierung zu setzen.

Es gibt kein Limit und du musst dich auch nicht nur auf queere Personen beschränken. Stichwort Intersektionalität – schwule weiße Männer haben mit anderen Problemen zu kämpfen als queere BIPOC-Frauen. Was auch immer dir am meisten am Herzen liegt: Du hast die freie Wahl und vor allem die Macht. Jeder kann sich individuell engagieren, muss sich aber natürlich zu nichts verpflichtet fühlen!

07

KAPITEL

DEAR SOCIETY

Der Hass auf Personen, auf Minderheiten, die anders sind, fordert jeden Tag das Leben vieler Menschen. Dabei wünschen sie sich wie du und ich, dass sie einfach ihr Leben leben können – schließlich tun sie damit niemandem weh. Ganz im Gegenteil: Es ist doch wundervoll, dass es so viele Formen der Liebe gibt! Deswegen ist es so unfassbar wichtig, sich für Queers auf der ganzen Welt einzusetzen und ihnen zu zeigen, dass sie nicht allein sind. Dass sie gehört werden und dass wir ihnen beistehen. Ganz nach dem Motto: Alle für einen und einer für alle! Denn – denken wir an den Vater und seine Tochter, die ich bei der Pride-Parade kennenlernen durfte – es betrifft uns alle. Einfach, weil es das Richtige ist.

Social Media kann dabei helfen, ihre Geschichten mit der ganzen Welt zu teilen, sodass die Ungerechtigkeiten, die ihnen widerfahren sind, niemals vergessen werden. Eine weitere Möglichkeit ist, sich öffentlich zu outen. Dies setzt nicht nur ein Statement für Solidarität, sondern zeigt, dass es etwas ganz Normales ist, nicht heterosexuell zu sein und dass die sexuelle Orientierung keinen Einfluss auf deinen Erfolg im Leben hat.

Finale: Das letzte Coming-out

Wie du bereits weißt, hat das Coming-out-Video des YouTubers JustCaan in meiner persönlichen Story eine wichtige Rolle eingenommen. Can ist aber nicht der Einzige, der sich online geoutet hat. Vielleicht erinnerst du dich noch an Melina Sophie, die schon 2015 als eine der ersten bekannten deutschsprachigen Youtuberinnen öffentlich gemacht hat, dass sie Frauen liebt. Ihr folgten in den letzten Jahren auch andere deutschsprachige Influencer wie JoeysJungle oder Vanessa & Ina.

2022 wurde mir klar, dass ich einen weiteren Versuch unternehmen musste. Da der erste Anlauf, bei dem ich die Reaktion meiner Eltern aufzeichnen wollte, grandios gescheitert war, hatte ich mir diesmal vorgenommen, mein Outing auf Social Media ganz anders anzugehen. Es sollte nun doch ein Video werden, bei dem nicht mein Umfeld, sondern ich selbst und meine persönlichen Erfahrungen im Vordergrund standen. Ich wollte davon erzählen, dass ich mich schon als kleines Kind immer anders gefühlt, wie ich meine Zeit in der Schule erlebt habe und inwiefern Südkorea mich verändert hat. Kurz: Ich plante, vor der ganzen Welt zu mir selbst zu stehen und anderen denselben Mut zu schenken, den JustCaans Video damals mir gegeben hatte.

Deshalb wollte ich, dass mein Outing-Video perfekt wird. Es dauerte lange, um das Skript für mein Voiceover zu schreiben und das entsprechende Bildmaterial zusammenzustellen, aber mir fiel immer wieder etwas Neues ein, das unbedingt Teil des Ganzen werden musste. Vermutlich habe ich an noch keinem Video so viele Stunden gesessen.

Dann, Anfang 2023, lud ich mein Coming-out auf allen Social-Media-Plattformen hoch. Es beinhaltete im Vergleich zu dem Großteil meines restlichen Contents zwar keine Comedy, dafür steckten enorm viele rohe Emotionen darin. Ich war noch nie auf etwas so stolz gewesen wie auf dieses Video. Allein auf TikTok haben es derzeit über 1.500.000 Menschen aus Deutschland, Österreich und der Schweiz gesehen.

Viele der Reaktionen waren extrem positiv. Ich erhielt Kommentare, die mir sagten, wie sehr sie mich bewunderten, weil ich das Video hochgeladen hatte, und dass es eindrucksvoll war, wie offen ich mit der Angst vor Ablehnung oder Intoleranz umging. Ich meine, stell dir das mal vor: Da ist ein Haufen wildfremder Menschen, mit denen du vermutlich niemals gemeinsam lachen oder weinen wirst, weil du mit ihnen persönlich gar nicht so viel zu tun hast. Und dann geben sie dir so viel mehr Support und Liebe, als du es dir jemals hättest träumen lassen. Hast du vielleicht auch dazu gehört? Dann vielen lieben Dank! All die positiven Rückmeldungen haben mich ermutigt, weiter meinen eigenen Weg zu gehen.

Besonders schön fand ich die Kommentare von Menschen, die ebenfalls queer sind und aus einem eher konservativen oder intoleranten Umfeld stammen. Viele schrieben mir, wie inspirierend das Video für sie war, wie viel Kraft und Hoffnung es ihnen gegeben hat und dass sie sich wünschen, selbst irgendwann mit ihrem Umfeld sprechen zu können.

Durch die positive Resonanz wurde mir klar, dass ich neben meinen lustigen TikToks in Bezug auf dieses Thema noch viel mehr Aufklärungsarbeit leisten möchte. Vor allem ist es mir wichtig, Menschen zu unterstützen, die bereit sind, zu lernen. Ich habe das Video nämlich auch meinen Eltern gezeigt.

„Wow, das ist ein schönes Video, mein Sohn", kommentierte meine Mama. Dass ich mich darin noch einmal geoutet habe, ist ihr gar nicht richtig aufgefallen, vielleicht auch, weil sie mit dem Begriff „Outing" an sich nicht viel anfangen konnte. Wieder einmal haben die kulturelle und die sprachliche Barriere für ein Missverständnis zwischen uns gesorgt.

Versteh meine Mama bitte nicht falsch. Ihr Kompliment war aufrichtig und wirklich gut gemeint. Sie hatte nur nicht verstanden, dass es sich spezifisch um ein Coming-out-Video handelte und hat sich sonst nichts dabei gedacht. Ich erzähle dir das auch nur, um zu zeigen, wie schwierig es in der Realität sein kann, eine uneingeschränkte Kommunikation zwischen Eltern und Kind zu ermöglichen.

Aber was konnte ich tun, um diese Mauer zu Fall zu bringen? Die Ideen sprudelten nur so aus mir heraus. Eine davon war provokativ, würde aber ohne Zweifel klar machen, was es bedeutet, dass ich schwul bin: Ich würde ein Video online stellen, indem ich einen Jungen küsste. Spätestens dann sollten alle Fragen meiner Mama ein für alle Mal geklärt sein. *Hoffe ich.*

Klar, ich möchte niemanden mit solchen TMI[9]-Eindrücken aus meinem Liebesleben belästigen, aber darum geht es doch letztendlich: So wie heterosexuelle Paare einander lieben, so lieben sich auch homosexuelle Paare. 1 + 1 = 2 oder so.

9 TMI = **T**oo **M**uch **I**nformation.

Ohne Social Media hätte ich wahrscheinlich viele Geschichten von anderen queeren Personen nie gehört. Ich denke, es ist wichtig, zu sehen, dass die schwere Zeit, die wir durchmachen, kein Ich-Problem ist. Wir sitzen alle im selben Boot. Klar, es ist immer leicht, zu sagen: „Diese Queers sind aber auch überall! Müssen die Social Media mit ihrem Aktivismus fluten? Die wollen sich doch nur in den Mittelpunkt drängen!" Ich hingegen finde es mega, dass wir eine so große digitale Bühne haben. Es ist ein Ort des Austausches, des Lernens und der Solidarität – eine Plattform, die es uns ermöglicht, gemeinsam für eine bessere Zukunft einzustehen.

Und auch heterosexuelle Personen können von sozialen Medien profitieren. Ich meine, hey, es war noch nie so einfach, einen Einblick in das Leben anderer Leute zu bekommen. Wenn man dadurch nicht neue Perspektiven erschließen und Mitgefühl für andere entwickeln kann, wie dann? Sogar ich erwische mich immer wieder in Situationen, in denen ich Geschichten von anderen höre und mir denke: *Wie kann das sein? Wir haben 2024!*

TAKEAWAY

Aber gerade, weil wir noch nicht so weit sind, wie wir immer glauben, ist es auch voll okay, wenn du bezüglich eines Outings Bedenken hast und dich nicht unüberlegt outen möchtest. Du musst kein Outing haben. Das sollte nämlich nur dann erfolgen, wenn du dich dazu bereit fühlst und die möglichen Konsequenzen abgewogen hast. In so mancher Hinsicht ist meine Story ein Paradebeispiel dafür, wie man sich das Leben selbst schwerer machen kann, als es eigentlich ist. Deshalb würde ich dir raten, es schlauer anzustellen als ich.

Zuerst solltest du in dich reinhören. Frage dich selbst: Wie fühle ich mich mit meiner sexuellen Orientierung? Welche Ängste oder Bedenken habe ich bezüglich eines Coming-out? Was erhoffe ich mir von einem Outing? Bin ich bereit, mögliche Risiken einzugehen?

Überlege danach, ob du einschätzen kannst, wie deine Familie reagiert. Hast du sie schon einmal über das Thema sprechen hören und wenn ja, wie? Frage dich, ob es Menschen in deinem Umfeld gibt, bei denen du dir sicher bist, dass sie dich so akzeptieren, wie du bist. Vielleicht kannst du bei ihnen mit dem Outing-Prozess beginnen und sie können dich bei den schwierigeren Gesprächen unterstützen. Ich habe mich auch erst bei meinen Uni-Freundinnen geoutet, bevor ich mich das bei meinen Eltern getraut habe!

Ich verstehe aber auch, wenn du Zeit brauchst oder dich vielleicht sogar wie Amir vollständig dagegen entscheidest, dich vor deiner Familie zu outen. Schließlich hatte auch ich, seit ich denken kann, Angst davor, ganz allein dazustehen, wenn ich allen die Wahrheit über mich erzählen würde. Außerdem weiß ich, wie stressig Familien sein können.

Deshalb denk immer dran: All deine Gefühle sind absolut okay und richtig. Es ist dein Leben und niemand kann dir sagen, wie du es zu leben hast. Jeder Mensch hat das Recht auf Privatsphäre und Selbstbestimmung. Kein Herr Hummel, der dir sagt, dass gay zu sein nur ein Trend ist. Keine Mitschüler, die im Bio-Unterricht darüber sprechen, wie ekelhaft sie Homosexualität finden. Keine Eltern, die überhaupt nicht verstehen, was du ihnen mit deinem Outing sagen willst. Lass dich nicht von anderen in eine Richtung drängen, die deiner Realität nicht entspricht. Wie du dein Leben lebst, ist allein deine Entscheidung.

Yes, and?

Natürlich waren nicht alle Reaktionen auf mein Social-Media-Coming-out positiv. „Unfollowed“, „Omg, ich hatte dich so gefeiert 😟“, „Direkt unsympathisch“, „Plus wieder da“, „Und du warst mal einer meiner Lieblingstiktoker“, „Hätte ich niemals von dir gedacht, Schande“ … Das sind nur einige der vielen negativen Kommentare unter meinem Coming-out-Video, die zudem hunderte Likes bekommen hatten.

Das ist einer der Gründe, warum ich öfter gefragt werde: „Ken, wie schaffst du es, trotz deiner krassen Story so positiv zu bleiben?" Die Antwort besteht eigentlich aus zwei Teilen.

Der erste lautet: Ich weiß, dass ich mit meinen Erfahrungen nicht allein bin und sie auch nicht nur queere Personen betreffen, sondern uns alle. In Deutschland, aber auch in allen anderen Ländern der Welt, waren es oft diejenigen, die anders waren (egal, ob aufgrund ihrer Hautfarbe, Herkunft, Religion oder eben Sexualität), die den meisten Widerstand zu spüren bekamen und denen große Steine in den Weg gelegt wurden. #Minorities

Das heißt aber nicht, dass ihr Kampf daran zugrunde ging. Wo wären wir heute ohne die mutigen Menschen, die mit ihrer einzelnen Stimme gegen die Gesellschaft standen und unsere Weltgeschichte veränderten? Nelson Mandela oder Martin Luther King, die gegen die soziale Ungerechtigkeit und insbesondere die Unterdrückung von schwarzen Menschen kämpften? Mahatma Gandhi, der für Indien gegen Englands Kolonialmacht einstand? Shirin Ebadi, die als erste weibliche Richterin im Iran einen Friedensnobelpreis für ihren Kampf für Frauenrechte erhielt und damit ein Zeichen für die islamische Frauenbewegung setzte? Bestimmt nicht da, wo wir heute stehen.

Der zweite Teil meiner Antwort ist deshalb: Unser Planet braucht immer noch Menschen, die die Weltgeschichte ein klein wenig besser machen. Du musst kein Gandhi sein, um einen positiven Einfluss auf dein Umfeld zu haben. Aber möglicherweise kann deine Stimme das Leben eines Freundes, eines Nachbarn oder sogar eines Familienmitglieds retten.

Anstatt meinen Fokus darauf zu legen, wer mich nicht akzeptiert, wer etwas gegen mich hat oder mir sogar etwas Schlechtes wünscht, konzentriere ich mich auf diejenigen, die das nicht tun. Auf meine Freunde, die mittlerweile Teil meiner Familie geworden sind, und auf die Vielzahl an Allys, die sich öffentlich für die Rechte von Homosexuellen aussprechen und gemeinsam mit uns an vorderster Front kämpfen, um Empathie und Akzeptanz zu verbreiten.

Oft ist der stille und friedliche, aber dennoch bestimmte Protest die einzige Möglichkeit, um Vorurteile und Intoleranz aufzubrechen. Es ist nie leicht, sich gegen eine Mehrheit zu stellen oder anders zu sein. Aber indem wir uns für das einsetzen, was wichtig und richtig ist, und uns bemühen, die Welt um uns herum ein bisschen besser und verständnisvoller zu machen, können wir alle einen Unterschied bewirken. Genau das treibt mich an, jeden Tag hoffnungsvoll zu bleiben und meine Geschichte zu teilen.

Es gibt aber natürlich auch Tage, an denen ich nicht so gut mit dem Hass klarkomme. „So ein Heuchler! Der macht das doch nur für die Klicks!" – Kommentare wie diesen gibt es auf YouTube, Instagram und TikTok wie Sand am Meer. Diese Anmerkungen sind immer mit die lautesten und es ist schwer, sie zu übersehen. Hater wird es immer geben, egal wie viel oder wenig du in der Öffentlichkeit stehst. Wichtig ist nur, wie du damit umgehst. Ich sage mir dann einfach, dass meine Hater mich heute zu dem gemacht haben, der ich bin. Und das stimmt ja auch. Erinnerst du dich an die Rede von Cardi B bei der iHeart-Radio-Music-Award-Show?

Oh my God! I am going to thank a lot of people because a lot of people helped me with my success. And I want to thank my haters too. Because, ha-ha-ha, they be downloading my stuff so they can hear it and talk crap about it. But it benefits me. Ha-ha-ha.

Iconic, oder?

Es ist dabei nicht nur meine Homosexualität, wegen der mich Menschen angreifen, sondern auch meine Art, meine Vorlieben oder meine Hobbys. Aber ich lasse mich davon nicht unterkriegen, denn ihr Hate hat mit ihrer Unzufriedenheit und nichts mit mir zu tun. Ich hinterfrage auch nicht mehr, ob irgendwelche Trolls mit ihren Anmerkungen vielleicht recht haben. Ich weiß, dass es nicht so ist.

Über 2.500.000 Menschen folgen mir, weil sie mich lustig und sympathisch finden, weil ihnen die einzigartige Kombination aus all meinen Eigenschaften gefällt. Die Leute, die hingegen ihre kostbare Lebenszeit damit verschwenden, gemeine Kommentare unter meine Videos zu schreiben, können mir egal sein. Außerdem sind es genau diese Leute, die Aufmerksamkeit und Traffic zu meinen Videos leiten. Ich sollte ihnen also vielleicht eher dankbar sein.

TAKEAWAY

Übrigens: Wenn das Ganze eskaliert, kannst du Hatespeech zur Anzeige bringen. Dasselbe gilt für Beleidigung, üble Nachrede, Bedrohungen oder Stalking. Der „Melden"-Button ist in einem solchen Fall auch immer ein gutes Go-to auf Social-Media-Plattformen.

Wenn es dich nicht direkt betrifft, kannst du versuchen, mit sachlichen Kommentaren zu kontern. Meistens endet das aber in einer unangenehm uninformierten Antwort des Gegenübers. Aber du weißt ja – von nichts kommt auch nichts. Lass dich dabei nur nicht provozieren, denn genau darauf zielen viele ab. Don't feed the troll.

Und im Worst Case gibst du einfach jemandem, der das sagt, was du sagen wolltest, ein Like und schon wird der Kommentar ganz nach oben gepusht und die Hasskommentare verschwinden dort, wo sie hingehören – in der Irrelevanz.

Alles in allem ist Social Media für mich die erste Möglichkeit gewesen, meine Persönlichkeit und meinen Humor mit der Welt zu teilen, ohne mich dabei verstellen zu müssen. Diese Chance hatte ich in der Schulzeit nie, da mich meine Mitschüler regelmäßig auf mein Äußeres und meine (mutmaßliche) Sexualität reduzierten. Ich traute mich nie, aus mir herauszukommen, denn sobald ich nur meinen Mund öffnete, wurde ich ausgelacht. Durch meine TikTok-Personas – wie Ari, Lukas, Jaqueline und Hildegard – konnte ich meinen Charakter auf vielfältige Weise zeigen und täglich Millionen von Menschen zum Lachen bringen.

Der Erfolg kam für mich dann trotzdem irgendwie überraschend: Plötzlich repostete Shirin David meinen Content in ihrer Story, dann folgten mir bekannte Gesichter wie Lisa und Lena auf TikTok und kurz darauf hatte ich ein Talentmanagement an meiner Seite. Der Weg als Content Creator ist wirklich unberechenbar und unfassbar schnelllebig. Du weißt nie, was morgen passiert und welchen Menschen du auf dem Weg begegnest.

Tatsächlich spielten die Influencerinnen Lisa und Lena eine große Rolle in meiner Karriere als Creator. Die beiden Mädels unterstützten mich von Tag eins. Vor ein paar Monaten luden sie mich sogar auf ihre Kino-Premiere zum Film *Get up* ein. Lisa, Lena und ich zusammen auf einem PR-Event, auf dem roten Teppich, mitten im Rampenlicht? Davon hätte der kleine Ken aus Chorweiler nur träumen können.

Ich kam mit den Zwillingen persönlich zum allerersten Mal auf dem Event ins Gespräch. Davor kannten wir uns nur über TikTok. Der erste Satz von Lisa war: „Ken, wann kommt denn endlich dein Film raus?" Die Frage kam unerwartet.

Ich lief rot an, fing einfach an zu lächeln und stotterte: „Ich schicke dir in ein paar Jahren meinen Film-Teaser! I promise!"

Mittlerweile ist es tatsächlich mein größter Traum, Schauspieler zu werden. Zu sehen, wie Lisa und Lena ihre Träume verwirklichten, motivierte mich noch einmal mehr, alles zu geben, um meine Ziele als Entertainer zu erreichen.

TAKEAWAY

Überlege mal ganz genau, was dich von anderen in deinem Umfeld unterscheidet: Möchtest du einen Beruf ergreifen, den deine Eltern nicht befürworten? Liebst du vielleicht einen Menschen mit einer anderen Religion, den deine Familie nicht akzeptieren will? Hast du einzigartige, ungewöhnliche Hobbys oder hörst du Musik, die kein Mainstream ist und die deine Freunde für weird halten?

Dann kann ich dir sagen: Genau diese Punkte machen dich einzigartig und zu dem Menschen, der du bist. Du bist interessant. Du bist unique. Lerne diese Facetten an dir zu lieben und zu schätzen, anstatt dir dein Selbstbewusstsein und deine Energie von anderen Menschen nehmen zu lassen. #HatersGonnaHate

08
KAPITEL

EUPHORIA

Ich möchte glauben, dass unsere Generation mit jedem Jahr toleranterer wird, Homosexualität noch mehr akzeptiert und sich in Sachen Diskriminierung sensibilisiert. Das ist sicherlich auch der Fall, aber egal ob in Bus oder Bahn, auf der Straße oder auf einer Party, es kommt immer wieder zu homophoben Vorfällen. Die meisten, die ich miterlebt habe, betrafen mich gar nicht selbst.

So saß ich beispielsweise nach einem langen Drehtag einer Fernsehproduktion in der Bahn auf dem Weg nach Hause. Total müde vom Auswendiglernen des Skripts war ich eigentlich zu gar nichts mehr zu gebrauchen und freute mich nur auf zu Hause. Ich wollte noch eine Runde schlafen, bevor ich mich abends mit Freunden zum Feiern verabredet hatte. An diesem Abend sollte es zum ersten Mal auf die Schaafenstraße gehen, *dem* Kölner Hotspot für die LGBTQIA+-Community zum Feiern und Party machen.

Ich setzte mich in die letzte Ecke, wo möglichst wenige Menschen waren. *Ich hoffe, mich spricht jetzt keiner an.* Je länger ich in der Bahn saß, desto voller wurde sie. Einige Leute stiegen aus, andere stiegen zu und bei jedem hoffte ich, dass dieser den Sitz neben mir meiden und sich auf einen der anderen freien Plätze setzen würde.

Bald war es jedoch so voll, dass ich wusste, dass ich nicht darum herumkommen würde, jemanden neben mir sitzen zu haben. Zwei Mädchen und ein Junge, alle im Teenager-Alter, setzten sich gemeinsam hinter mich und unterhielten sich über ihren ach so anstrengenden Schultag. *Na gut. Kopfhörer rein, Musik an, Welt aus.*

Das wäre zumindest der Plan gewesen.

Doch weit gefehlt: Ich konnte jedes Wort ihres Gesprächs verstehen. Erst unterhielten sie sich über ihre Mitschülerin, die jetzt einen neuen Freund hatte. „Ich finde ja, die passen mega gut zusammen", meinte die eine, woraufhin der Junge erwiderte: „Ne, der hat nicht mal Freunde, keine Ahnung, was sie von ihm will, hä?"

„Ehrlich gesagt glaube ich einfach, die freut sich, dass sie irgendwen gefunden hat. She desperate as fuck“, kommentierte die Dritte.

Typische Lästereien von Teenagern eben – nichts, was man unbedingt hören musste, aber irgendwie kann man auch nicht anders. Man will sich schließlich keinen Tea über Leute, die man nicht kennt, entgehen lassen. #SpillTheTea

Es blieb jedoch nicht dabei. Bald schwenkte die Unterhaltung zu einem anderen Mädchen, Fatima, die mit ihnen in dieselbe Klasse zu gehen schien, und den drei Teenagern zufolge ein ernsthaftes „Problem“ hatte: Sie war lesbisch. Und nicht nur das, Fatima hatte auch noch eine feste Freundin. Sie hatten sich sogar Pärchen-Armbänder gekauft, mit denen sie der Schulklasse offen zeigten, dass sie zusammengehörten. *Hätte ich mich das mal getraut.* #Omg.

„Das ist übertrieben lächerlich, dass die jetzt so einen auf ernsthaftes Paar machen. Ekelhaft“, meinte eines der Mädchen.

Der Junge warf zwischendurch immer wieder Sätze ein wie: „Ey, jetzt hört auf, über diese Fatima zu reden. Ich kotz gleich!“

Bist du jetzt genau so überrascht wie ich damals, wie schnell das Ganze von jugendlichem Gossip plötzlich in Homophobie umgeschwungen war? Wer jetzt aber denkt, dass nur der Junge ein Problem mit Fatimas homosexueller Beziehung hatte, der irrt sich. Auch die beiden Mädchen stimmten immer wieder mit ein, wie komisch und unnormal es sei, lesbisch zu sein, und dass sie nie gedacht hätten, dass Fatima, ein muslimisches Mädchen, auch „so eine“ wäre.

„Was soll man erwarten, Bruder, die ist halt gay! Die Arme, Digga!“, kommentierte eines der Mädchen. In diesem Moment platzte mir der Kragen. Ich drehte mich zu ihnen um und fragte: „Hey du, was für ein Handy hast du da?“

Verdutzt sah mich eines der Mädchen an. „Hä, was willst du? Ist ein iPhone.“

„Ok, aber wie kann man sich über ein lesbisches Mädchen lustig machen und gleichzeitig ein iPhone benutzen, obwohl der CEO von Apple auch schwul ist?

Scheint ja doch nicht so schlimm zu sein, was?", fragte ich gereizt und wartete auf eine Reaktion. Als sich alle nur gegenseitig ansahen und nichts mehr sagten, wandte ich mich dem Jungen zu: „Und du, mit deiner Calvin-Klein-Tasche und gefakten Gucci-Jacke. Dir ist klar, dass beide Designer schwul sind? Ziemlich gay, die zu tragen, oder nicht?"

Fortan sagte niemand mehr etwas.

Klar, Fatima hatte die Lästereien nicht direkt mitbekommen, aber trotzdem war es mir in diesem Moment wichtig, etwas dazu zu sagen – ich konnte einfach nicht länger still dasitzen. Und glaub mir, es hat sich gut angefühlt. Mein Herz pochte wie verrückt und der kleine Ken aus Chorweiler konnte finally seine Stimme erheben. Endlich habe ich mich getraut, nicht nur für mich, sondern auch für einen anderen queeren Menschen einzustehen. Fatima, die wahrscheinlich genau so viel durchmachen musste wie ich. Einer für alle und so.

Nach der unangenehmen Stille zwischen den Teenagern und mir erreichte die Bahn endlich die Endstation. Ich schnappte mir meine Tasche, damit ich als erstes den Waggon verlassen konnte. Erst als ich praktisch außer Reichweite war, hörte ich den Jungen rufen: „Bruder, bist du schwul? Wenn ja, dann tut es mir leid, Bro!" Ich ignorierte diesen Kommentar, ich ahnte, ich konnte nichts weiter ausrichten. Ich hoffte nur, dass ich dazu beigetragen hatte, die Meinung von wenigstens einem der Menschen in der Bahn zu ändern.

Die Türen öffneten sich wie in Zeitlupe und der erste Schritt nach draußen fühlte sich an diesem Tag ganz anders an. Lag es an der Auseinandersetzung mit den Kids? Ich konnte an nichts anderes mehr denken. Die Story mit Fatima war für den restlichen Abend zu meinem Roman Empire geworden. Nach all den Jahren waren mir zum ersten Mal die Konsequenzen meiner Taten und Worte egal gewesen. Endlich hatte ich den Mut gefunden, meine Stimme zu erheben und für das einzustehen, was richtig ist. Vor lauter Stolz über meine Entwicklung konnte ich gar nicht mehr aufhören zu grinsen.

Ich hoffe, dass die junge Fatima schneller an diesen Punkt gelangen würde, an dem ich in diesem Moment ankam. Schneller eben diese Art von Selbstvertrauen fand, welche ihren Charakter formen und ihre eigene Welt ein klein wenig besser machen würde. Ich hatte realisiert, dass das ewige Warten auf ein Wunder, das die Probleme unserer Welt beseitigt, mir nichts brachte. Es war Zeit, mein Mindset zu ändern und die Dinge selbst in die Hand zu nehmen.

Noch während ich von der Bahnstation nach Hause lief, entschloss ich mich, ein Buch über genau dieses Thema zu schreiben. Ein Buch, das die Realität eines homosexuellen jungen Erwachsenen behandelte. Es sollte den Menschen da draußen die bittersüße Wahrheit erzählen, die queere Personen durchleben müssen, und die Leser aufklären, ihnen beistehen und gleichzeitig Mut schenken.

Wir lassen uns nicht mehr schubsen. Wir werden aufstehen, unseren Kopf hochhalten und immer weiter geradeaus laufen. Koste es, was es wolle. Egal welche sexuelle Orientierung, Hautfarbe, Geschlecht, Religion oder Persönlichkeit wir haben. Wir alle haben das Recht, ein Leben ohne Diskriminierung und Stigmatisierung zu leben. Ein Leben, das man genießen und nicht fürchten sollte.

Wer weiß, vielleicht findet jemand in ein paar Jahrzehnten dieses Buch und lacht über die Geschichten unserer Zeit. Wie gerne würde ich einen Blick in die Zukunft werfen. Aber bis dahin werde ich meine Geschichte weitererzählen. Warum? *Because ... Don't hide yourself in regret, just love yourself, and you're set. I'm on the right track, baby, I was born this way.*

Dieses Buch enthält Bonusmaterial.

Du erreichst die Downloadseite über den QR-Code oder über:
https://brainbook-verlag.de/bonusmaterial/

LAST DANCE

- - - -

Vieles von dem, was ich erlebt habe, war von Anfang an total unorganisiert, chaotisch und hat mir eine Menge Angst eingejagt. Es hat lange gedauert, bis ich an dem Punkt angekommen bin, an dem ich mich so akzeptieren konnte, wie ich nun einmal geboren wurde. Ein Punkt, an dem ich sagen konnte, dass ich stolz auf all das bin, was ich erreicht habe, und dass ich mein Leben in vollen Zügen auskosten kann.

Wenn mich die Leute früher gefragt hätten: „Hey Ken, wer bist du eigentlich?", dann hätte ich vermutlich keine befriedigende Antwort geben können. Ehrlich gesagt kann ich diese Frage auch heute immer noch nicht beantworten. Ich meine, was ist das auch für eine bescheuerte Frage? Ich bin ich, Ken eben. Ich bin *kenough*, lol.

Der Unterschied ist, dass ich die Frage heute nicht beantworten kann, weil ich nicht weiß, was auf mich zukommen wird oder was mich in zehn Jahren ausmacht, und nicht, weil ich Angst habe, für meine Identität verurteilt zu werden. Statt mich zu verstecken, kann ich zu mir stehen und weiß jetzt, wie ich auch anderen dabei helfen kann, ihr wahres Ich der Welt zu offenbaren, weil es so viel schöner, bunter und fröhlicher ist, wenn wir keine Furcht haben müssen.

Vielleicht hat dir dieses Buch dabei geholfen, die ein oder andere Tatsache aus einem neuen Blickwinkel zu sehen, für eine kurze Zeit die Perspektive zu wechseln. Vielleicht findest du dich auch in der ein oder anderen Geschichte wieder. Egal ob queer oder nicht: Ich hoffe, dass du durch dieses Buch einen kurzen Moment zum Innehalten gefunden hast, welcher dich zum Nachdenken, zum Lachen oder zum Mitfühlen gebracht hat.

Und ich würde mich freuen, wenn du dich inspiriert fühlst, mit anderen Menschen in den Dialog zu treten. Erzähle ihnen davon, was du erlebt, wie du dich gefühlt hast. Nur wenn wir miteinander reden und uns untereinander austauschen, können wir erfahren, wie die Lebensrealitäten anderer Menschen aussehen, und wirken Vorurteilen entgegen.

Jede Erfahrung, die du gemacht hast – ob positiv oder negativ – ist ein weiterer Baustein, mit dem du helfen kannst, die Welt zu einem toleranteren Ort zu machen. Davon profitieren wir alle und das sollten wir niemals vergessen. Teile deine Geschichte mit der Welt und vielleicht sehen wir uns schon bald in den sozialen Medien, wenn dein Video viral geht.

Du brauchst keine Angst zu haben und du musst dich nicht für immer verstecken. Wir sind eine große Familie, in der jeder seinen Platz findet; wir sind füreinander da. Und das wird auch in Zukunft so bleiben.

Bis bald!

LITTLE ME

Brief an mein jüngeres Ich

Lieber Krichen,

ich hoffe, du liest diesen Brief mit einem Lächeln auf deinem Gesicht. Ich weiß, du erlebst gerade eine wundervolle Kindheit. Du bist so ein kreativer Junge und probierst alle möglichen Dinge aus. Genau diese Eigenschaft lieben die Menschen an dir. Du willst Arzt oder Schauspieler werden, richtig? Dann erzähle ich dir lieber nicht, was aus dir geworden ist, lmao. Keine Sorge, vielleicht findest du diesen Beruf sogar besser, aber ich will nicht zu viel spoilern. Und mach dir keine Hoffnungen, dein erstes Handy kriegst du erst mit 15, also bleib geduldig. Papa wird seine Meinung nicht ändern.

Weißt du, ich bin so stolz auf dich. Du bist aufrichtig, mutig und stark, auch wenn du das vielleicht gerade nicht so siehst. Ich weiß, dass du manchmal, ganz allein im Dunkeln, eine harte Zeit hast und ich wünschte, ich könnte dir einen Zaubertrank schicken, der alle deine Probleme löst. Leider habe ich keine magischen Getränke im Angebot.

Ich erinnere mich noch gut an die Zeit, als du das erste Mal realisiert hast, dass du anders bist. Es war wie ein Schlag ins Gesicht, oder? Aber hey, ich verspreche dir, dass genau diese Seite dir den Erfolg im Leben gewähren wird, den du dir bald wünschen wirst. Du bist ein Einhorn in einer Welt voller Pferde – was könnte es Schöneres geben?

Die Realisation, schwul zu sein, und die richtigen Menschen zu finden, die dich so lieben, wie du bist, wird eine wilde Achterbahnfahrt werden. Ich habe all die Schmerzen und Unsicherheiten erlebt, die du durchmachen wirst. Es wird leider einige Menschen in deinem Leben geben, die dich nicht verstehen oder sogar ablehnen werden. Aber noch viel mehr werden deine Persönlichkeit bewundern und dich bedingungslos lieben.

Denke immer daran: Die Wahrheit zu leben ist ein Akt der Tapferkeit. Es erfordert Mut und Stärke, sich selbst treu zu bleiben. Auch wenn die Welt um dich herum infrage stellt, wer du bist: Gib nicht auf.

Bleib stark und bleib du selbst. Die Welt braucht Menschen wie dich – mit deinem Humor und deiner Einzigartigkeit.

Ich liebe dich.

Dein älteres Ich